JN116504

経営学入門

起業のためのテキスト

鈴木好和［著］

創 成 社

序

本書は、『会社のつくり方：経営学の理論に基づく起業』を加筆・修正したものです。

『会社のつくり方　第2版』を上程したのち、新型コロナの流行に伴う経営環境変化や法改正があり、本の内容が不適切になったばかりでなく、筆者の担当科目が変更になりました。

そのため、タイトルを変更して新版とします。

法改正やデータの陳腐化は、この出版時点でも生じています。これらにつきましては、ご自分で再確認して頂けるようお願い申し上げます。引用文の漢字とひらがなにつきましては、本文に統一させて頂きました。

本版も不完全なものでありますが、よりよいものにするため、読者の皆様のご教示・ご指摘を賜れば幸いです。文章とデータにつきましては、細心の注意を払っておりますが、間違いが判明する場合がございます。お手数ですが、創成社の「正誤表」をご覧ください。

河野昭三先生には今回もご指導を賜り、感謝申し上げます。また、創成社の塚田尚寛代表と西田　徹氏には、引き続き執筆に際しお世話になり心よりお礼申し上げます。

2023年2月

筆　者

iii

目次

第1章　経営学と起業に関する学問分野

本書は、起業のための経営学入門書です。起業、すなわち事業創設とりわけ会社設立を著した本には、いろいろな種類のものがあります。その多くは、法学を中心としたものです。通常、法律に従って株式会社を設立する手続きは以下のようになります。この法定要件を満たすことを準則主義と言います。

（1）定款の作成

すべての会社は、最初に、定款と呼ばれる会社の「憲法」に相当する基本原則を定めます。会社法によれば、定款には、①会社の目的、②商号、③本店の所在地、④設立に際して出資される財産の価額又はその最低額、⑤発起人の氏名又は名称及び住所を記載又は記録しなければなりません。定款は、紙による書類ばかりでなく、磁気ディスクに記載した電子データの提出でも受付けられます。紙による場合は「記載」や「署名」となり、電子データの場合は「記録」や「記名」となります。

以上の5つの事項は、絶対的記載事項と呼ばれ、必ず記載もしくは記録しなければなりま

1

せん。すなわち、どのような仕事をするのかという「目的」、会社の名前であり、屋号とも呼ばれる「商号」（商号中には、株式会社、有限会社、合名会社、合資会社又は合同会社という文字を用いなければなりません）、本社の住所、資本金の額（一度定められると自由に増減はできません）、会社の創業者である「発起人」などを決めます。

その他、効力をもたせるためには、相対的記載事項として、①現物出資をする者の氏名又は名称、出資の目的である財産及びその価額並びにその者に対して割り当てる設立時発行株式の種類及び数、②会社の成立後に譲り受けることを約束した財産及びその価額並びにその譲渡人の氏名又は名称、③株式会社の成立により発起人が受ける報酬その他の特別の利益及びその発起人の氏名又は名称、④株式会社の負担する設立に関する費用の５項目を記載又は記録できます。

定款には、会社法の規定により定款の定めがなければその効力を生じない事項及びその他の事項で会社法の規定に違反しないものの記載が認められていて、これらを任意的記載事項と言います。たとえば、株主総会の招集、取締役の人数、事業年度などがこれに相当します。なお、設立時に作成される定款は、「原始定款」と呼ばれます。この定款に署名又は記名捺印します。

（2）定款の認証

発起人となる自然人（人間）もしくは法人（法人については後で述べますが、その代表例が会社です）は、私的法律関係の明確化と安定化のために法務省が所管する本店所在地の公証役場で、公証人による定款の認証を受けます。日本公証人連合会のホームページで提供する「申告書」の書式を利用し、公証人にファックス、郵送、あるいは持参する等の方法により行います。

定款認証の申請者である嘱託人は、法人成立のときに実質的支配者となる者の氏名、住居、生年月日等と、その支配者が暴力団員及び国際テロリストに該当するかどうかを公証人に申告しなくてはなりません。議決権の直接保有及び間接保有が50％を超える自然人がいる場合は、該当者1名が実質的支配者となり、それ以外は、該当者すべてが実質的支配者となります。

なお、合名会社、合資会社及び合同会社から構成される「持分会社」（これらの会社は、社員の地位を持分と呼びます）は、定款認証の必要はありませんが、一般社団法人、一般財団法人、司法書士法人、行政書士法人、土地家屋調査士法人、社会保険労務士法人、弁護士法人、監査法人、特許業務法人、特定目的会社、相互会社、金融商品会員制法人、信用金庫、信用中央金庫及び信用金庫連合会の定款は、公証人の認定を受けなければなりません。

株式会社の場合、公証人の手数料として5万円、謄本（登記事項を記載した用紙を複写し、証明したもの）作成手数料として、書面請求の場合1通600円（電子認証の場合不要）（登記申請用・保管用の合計2冊必要になります）及び印紙代4万円（電子認証の場合不要）が必要になります。

（3）資本金の払い込み

次は、会社経営の元手となる資金である資本金の払い込みです。これは、発起人が定めた銀行や信託会社等に払い込みますが、まだ会社が成立していないので、発起人の口座に払い込むのが一般的です。

（4）設立登記

最後に、登記（権利関係の公示）等の民事行政事務などを行っている法務局で設立登記をします。以上の手続きで会社は設立できます。会社の設立年月日は、法務局の設立登記申請の受付日になります。登記前は「設立中の会社」と呼ばれます。設立後、2カ月以内に法人設立届出書等を税務署と各都道府県税事務所に提出します。インターネットで法務省の「株式会社設立登記申請書」を検索すると、丁寧な説明付の定款記載例が出てきますので参照してください。オンラインでも定款認証及び設立登記を行うことができ、役員等が5人以内であるなどの条件を満たす場合には、原則として24時間以内に登記が完了します。

4

株式会社の設立登記のためには、登録免許税を納めなければなりません。この額は、資本金の額の1,000分の7（最低15万円）、オンライン登録の場合はこれから3,000円減額になります。

設立後に株主名簿を作成します。これには、株主の氏名又は名称及び住所、株主のもつ株式数、株主の株式取得日、株券発行会社の場合は株券番号が含まれます。

こうした設立手続きは、自分でもできますが、発起人の人数が多数で資本の規模が大きいときは、弁護士や行政書士などに依頼したほうがよいでしょう。

12年以上登記がされていない株式会社、5年以上登記がされていない一般社団法人又は一般財団法人は、期日までにまだ事業を廃止していない旨の届出を管轄登記所にしないと経営実態のない「みなし解散」と呼ばれる整理作業が行われてしまいます。

起業を論じるもう1つの学問分野は、経済学です。たとえば、レオン・ワルラスは、「地主から土地を、労働者から人的能力を、資本家から資本を借り入れ、これら3つの生産用役を、農業、工業又は商業において結合することを職分とする第4の人格を企業者と呼ぶことにしよう[1]」と述べ、企業を創出することが起業家の機能であるとしました。アダム・スミスは、企業の理論を展開していて、起業家は、自分の資財を冒険に投じる仕事の引受人や投機としての企画を実行する企画家 (プロジェクター) として論じられています[2]。また、ヨーゼフ・シュンペーターは、イノベーションを普及させるために創造的破壊を行うのが起業家であると指摘したこと

で有名です。

本書は、法学や経済学などの知見も借用しながら、経営学（ビジネス・アドミニストレーション）の立場から「どのような会社を設立すべきか」とか「どのように組織をつくり、それを管理すべきか」といった他人任せにはできない戦略に関わる問題を中心として述べた入門書です。

経営学には、マネジメント、マーケティング、会計、金融の分野が含まれます。本書では、主に、マネジメントとマーケティングについての説明を行います。それ以外の会計と金融という会社や組織のお金や成績にかかわる分野については、起業に関する事項以外は別の専門書で学習してください。

経営学は、組織を研究対象とする学問です。すなわち、経営学は、会社ばかりでなく、学校、官公庁、組合、NPO（非営利法人）など、共通目標の達成のために設立された組織の運営を研究しています。そのため、本書は、会社に限らず、他の組織を立ち上げる場合にも参考になるように構成しました。なお、ビジネス・アドミニストレーションのビジネスとは、「事業」を、アドミニストレーションとは、「経営の基本方針とか理念の意思決定」を意味します。

管理や経営管理と訳されるマネジメントとは、「（馬を手なずけるように）物事を巧みに取り扱うこと(3)」です。すなわち、マネジメントとは、アドミニストレーションによって決定さ

6

れた基本方針に基づき仕事を達成することです。マネジメントの1つの目標は、仕事を定型化して委譲できる状態にすることです。そのために上司は、部下に仕事を任せられるようにしなければなりません。そして、部下の仕事は「上司がしてほしいと思っていることを、間違いなく実行していくこと」となります。

本書は、会社が持続可能性（サスティナビリティ）を維持することによって、ゴーイング・コンサーン（継続企業の公準と呼ばれるもので、会社は永遠に継続すること）として存続するために必要な条件を示すことを主目的としました。

経営に関する理論、技術及び手法に関しては、さまざまな提案がなされていますが、重要なことは、事実に基づいた経営を志すことです。ジェフリー・フェーファーらは、医師の治療が事実の研究結果に基づいて行われるべきであるとする「事実に基づいた医療」を経営に応用すべきであると指摘しています。[1]すなわち、何が効果があり、何が効果がないかという動かしがたい事実を直視し、経営の中で大手を振っている「半分だけ正しい」思いこみの危険を理解し、往々にして本当に意味のある助言よりも大切にされる「まったく間違った経営手法」を排除すべきであり、成功した会社ばかりでなく、失敗した会社にも注意を払い、なぜ失敗したかを理解すべきであると、彼らは忠告しています。事実に基づくとは、具体例から学ぶことでもあるので、参考となる会社の事例も取り入れました。

経営学は、組織を対象とする学問であるため、本書は、会社に限らず、組織を立ち上げる

場合にもある程度参考になるように配慮しました。なお、経営学の理論の「理論」とは「何が何をなぜ引き起こすのか」に関する言明[5]です。

企業の情報に関しましては、そのホームページに負うところが大きいのですが、本書ではそのアドレスは割愛させて頂いたものもあります。必要な方は、お手数ですが、企業名を入力して検索をお願いします。また、企業名につきましては、正式商号ではなく、新聞などで用いられているトレードネームを使わせてもらったものもあります。

【註】

(1) Léon Walras, *Éléments D'économie Politique Pure ou Théorie de la Richesse Sociale*, Librairie Generale de Droit et de Jurisprudence, 1952, p. 191. (久武雅夫訳『ワルラス純粋経済学要論』岩波書店、1983年、207頁）。

(2) Adam Smith, *The Wealth of Nations*, Penguin Books Ltd., 1796, p. 151 and p. 217. (大内兵衛・松川七郎訳『諸国民の富（一）』岩波書店、1959年、187頁及び322頁）。

(3) 河野昭三「経営学の基本視座」藤本雅彦編著『経営学の基本視座：河野昭三先生還暦記念論文集』まほろば書房、2008年、9頁。

(4) Jeffrey Pfeffer and Robert I. Sutton, *Hard Facts, Dangerous Half-Truth, and Total Nonsense: Profiting from Evidence-Based Management*, Harvard Business School Press, 2006, p.13 and p. 37. (清水勝彦訳『事実に基づいた経営：なぜ「当たり前」ができないのか』東洋経済新報社、2009年、16頁及び50頁）。

(5) Clayton M. Christensen, Scott D. Anthony, and Eric A. Roth, *Seeing What's Next: Using the Theories of Innovation to Predict Industry Change*, Harvard Business School Press, 2004, p. xii. (櫻井祐子訳『イノベーションの最終解』翔泳社、2014年、x頁）。

第2章　会社とは何か

1　会社と企業

　本章では、会社の概略について述べます。経営を学習するばかりでなく、起業するうえで、会社や企業とは何かを知っておく必要があるからです。会社は「企業」ですが、会社イコール企業ではありません。

　企業は、イタリア語の「契約サイン」を語源としていて、個人企業や小さな商会（合名会社）などを含める概念です。それに対して、会社は、「人々の集まりによって共有される事業」を意味します。13世紀から14世紀の間にイギリスにおいて活動していたイタリアの資本家が用いていたパートナーシップ形態の事業に、会社の起源があると伝えられています。

　初期の有名な会社は、1602年に成立した連合オランダ東インド会社です。この会社は、胡椒の貿易事業を目的としたものであり、出資者全員の有限責任制、取締役会の設置、資本の証券化といった、近代株式会社の一般的特徴をもっていました。この会社の誕生により、世界最初の証券取引所であるアムステルダム証券取引所が設立されました。連合オラン

ダ東インド会社は、証券取引所で航海の資金を株式で調達することによって、多国籍企業として世界一の富と力をもち、200年近くも貿易の世界を支配しました。[3]

日本最古の会社については諸説あります。一説によれば、世界で最古の会社は、現在大阪府に本社を構える578年創業の金剛組と言われています。[4]　金剛組は、寺院建築を中心とする総合建設会社です。金剛組を含め、わが国は、100年以上の老舗が約2万社ある「老舗大国」です。これらの老舗の特徴は、目先だけの利益ではなく、企業の永続を第一義に置いていて、「信用」、「伝統」や「暖簾」のような「由緒正しさ」を有しているという調査結果があります。[5]

役員・定款を定め、株式を発行した最初の株式会社「兵庫商社」は、遣米使節団での知見をもとにわが国の近代化に貢献した小栗上野介忠順によって1867年に設立されました。[6]

法律に基づく「創業」は、明治5年、1872年の国立銀行条例によって認められ、その最初の会社は、近代日本経済の父、渋沢栄一が1873年に設立した第一国立銀行です。

1881年に東京株式取引所と大阪株式取引所で売買立会が開始され、太平洋セメントは、銀行以外の日本初の上場会社となりました。1893年に合名、合資、株式の3つの会社の規定を定めた「商法」が公布され、その後、ドイツの有限会社法に倣って、1983年に「有限会社法」が別途制定されました。2006年に会社法が施行されて以降、有限会社は新たに設立できなくなりましたが、それ以前に設立された有限会社の存続は認められてい

ます。

　企業は、事業を行う経営体です。事業は、社会的な仕事、特に営利目的の仕事を意味します。経営学では、事業は、オーディオ事業やメンテナンス事業など特定の製品やサービスを提供する活動を指すのが一般的です。この事業を運営する活動は、職能と呼ばれ、生産、販売、マーケティング、財務、人的資源管理等があげられます。

　企業の範疇には会社が入りますが、それ以外にも企業はあります。たとえば、個人や家族で営んでいる「八百屋」や「魚屋」などの個人企業です。このように、企業の中には会社だけではなく、個人事業なども含まれていることがわかります。

　会社は会社法で規定されているので法律用語になり、企業は経済用語としても分類できます。

　また、企業には、公企業も含まれます。公企業は、第一セクターと呼ばれ、国や地方公共団体によって出資され、経営されています。事例として、国営企業、独立行政法人、地方公営企業などがあります。

　国営企業には、国によって全額出資・経営される国有林野事業などがあります。そのほか、国が私企業の株を所有している東京電力などの国有企業があります。

　独立行政法人は、公共上の見地からは必要ですが、国営の必要がないものの中から、民間では行われないおそれがあるか、独占的に行う必要がある事業を効率的かつ効果的に行わせ

るために「独立行政法人通則法」で定められた法人のことです。

都道府県や市などの地方政府によって設立されるものとして、地方公営企業と地方公社が

あります。地方公営企業の場合は、行政組織が地方公営企業法により、病院事業、水道事

業、工業用水道事業、軌道事業、自動車運送事業、鉄道事業、電気事業、ガス事業を直営し

ているのに対して、地方公社の場合は、行政組織から形式的に独立した法人で、公社や株式

会社、協会や基金などの形態で活動しています。公社とは、公共企業体等労働関係法に定め

られた公共企業体のことで、地方住宅供給公社などがあります。その他として、特定の政策

的な事業を実施するために特別法に基づいて設立される事業団や政府系の金融機関である公庫

などの特殊法人が設けられています。

第二セクターは、営利を目的として設立される私企業です。この代表的なものは、株式会

社です。

第三セクターは、公私共同企業で、国や地方公共団体などの行政と私企業とが共同出資

し、経営を行う企業です。たとえば、仙台空港鉄道仙台空港線や東京都下水道サービス株式

会社などがあります。

近年では、PPP（官民連携〔パブリック・プライベート・パートナーシップ〕）が政府によって推進されています。その代表

的な手法として、公企業が自ら事業を行うのではなく、民間の資金やノウハウを利用して総

事業費を削減するPFI（民間資金等活用事業〔プライベート・ファイナンス・イニシアティブ〕）が幅広く用いられています。このうち、

利用料金の徴収を行う公共施設については、施設の所有権を公共主体が有したまま、施設の運営権を民間事業者に設定する方式である公共施設等運営権事業が活用されています。PFIの具体例として、仙台空港があげられます。施設は、国が所有し、「東急・前田建設・豊田通商グループ」が設立した特別目的会社（仙台国際空港株式会社）が運営をしています。また、地方公営企業の水道事業等についてもコンセッション方式が検討されています。

伝統的な民間営利セクターにも公的セクターにも属さない企業組織である社会経済的企業組織を「第三セクター」と定義し、「非営利セクター」を意味する場合もあります。なお、民間によって設立されるNPOを第四セクターと呼ぶこともあります。

2 法 人

会社は、法律に基づいて人間と同じように権利・義務の主体として扱われます。すなわち、法人は、人間と同じように扱われます。法人の権利能力は、法人格と言います。法人格を有しない自治会やPTAなどの団体は、任意団体と呼ばれ、団体として権利・義務の主体となれないため、団体名義での預貯金などはできません。

法人にはいくつかの種類があります。

第一は、公法人であり、第一セクターに当たる特定の行政目的を遂行するために設立され

た法人です。

　第二は、私法人と言って、私的な目的を達成するために設立される法人であり、内部組織と目的によって分類されます。組織的には、社団法人と財団法人に分けられ、目的別には、営利法人と公益法人に分けられます。

　社団法人とは、一定の目的達成のために組織された人の集団（社団）が法人格を有したものです。これには、一般社団法人と営利社団法人があります。一般社団法人は、税制上の優遇はなく、登記は必要ですが許可は不要となっています。学術、技芸、慈善その他の公益に関する種類の事業であって、「公益法人認定法」に基づき認定された場合は、公益社団法人として税制優遇を受けられます。日本赤十字社や経済同友会（経営者の個人加入組織）は、公益社団法人として認められています。労働組合法に基づく労働組合や農業協同組合法による農業協同組合も社団法人です。営利社団法人は、会社であり、出資者の集団です。

　財団法人は、一定の目的のために提供された財産（最低３００万円）を基礎とした法人です。これには、登記は必要ですが許可が要らない一般財団法人と、許可は必要ですが優遇措置を受けられる公益財団法人があります。一般財団法人には、日本気象協会や日本東洋医学財団などがあり、公益財団法人には、サントリー芸術財団や山種美術財団などが含まれます。　個別の特別法に基づく学校法人も財団法人の一種です。貸借対照表（かいしゃくたいしょうひょう）（会社の財政状況を示す表）における負債の合計額が２００億円以上の大規模一般社団法人と大規模一般財団

14

法人は、会計監査人を置かなければなりません。

公益法人は、営利法人である会社と同様に魅力のある起業対象です。また、営利法人で得た個人財産は、財団法人として残すことができます。石橋財団のブリヂストン美術館のように、個人収集の美術品を財団法人に提供すれば、相続による作品の分散や有名作品の海外流失を防ぐことにもなります。

このように、起業を考えるときには、会社に限定せず、より広い視点から構想を練ることが望まれます。たとえば、八百屋や魚屋などの場合、はじめは法人ではなく、個人企業として出発するほうがよいかもしれません。なぜならば、会社にすると「法人税」が課税される、登記費用がかかる、廃業が難しくなるなどのデメリットもあるからです。法人税は、資本金の規模や所得金額によっても異なりますが、収益から人件費などの費用を引いた課税所得に税金をかける国税です。その他、地方税として法人事業税と法人住民税がかかり、法人実効税率は、2022年現在29・74％です。[8] この税額は、アイルランドの法人税12・5％やハンガリーの9％と比較しても大きなものになります。

ただし、コロナ禍対応のため、G20は、法人税率の15％下限に合意したことから、しばらくは税率の上昇は続きそうです。アイルランドやハンガリーはこれに合意していません。[9] わが国の場合、企業誘致のためにさまざまなメニューを提供し、法人の設立援助や誘致を行っている国もあります。税金を安くすることなどにより、法人の設立援助や誘致を行っている地方自治体が増えていま

す。一例として、長崎市では、施設等整備奨励金、建物等賃借奨励金、雇用奨励金から構成される企業立地奨励金の提供と固定資産税の課税免除を行っていて、これまで新生電子やアリコなどが進出しています。

アメリカでは、デラウェア州が「企業の都」と呼ばれていて、米主要500社の6割強が登記上の本社を置いています。デラウェア州の駐日事務所によれば、同州は、最も進歩的かつ柔軟な会社法があり、アメリカでも数少ない売上税のない州として有名であり、日本企業にも誘致を行っています。ただ、国税庁は、タックス・ヘイブン対策税制に基づいてわが国の税負担を軽減・回避する行為に対処するため、一定の基準を満たさない場合は外国子会社等の所得に相当する金額について、内国法人等の所得とみなし、それを合算して課税していますので注意が必要です。タックス・ヘイブンとは、租税回避地のことです。

国民の3大義務である「教育」、「勤労」、「納税」の面からも納税は実施するばかりでなくその内容を明らかにすることが望まれます。そのため、一部の企業は、世界各国での納税額を開示しています。

個人企業は、法人税の支払い義務はないのですが、デメリットもあります。たとえば、有能な人材が集まらない、必要経費の認められる幅が少ないとか、個人企業の収入は個人の収入になるので、高額の収入に対しては、累進課税として税額が高額になるなどです。また、個人企業は会社と比べると信用度が低く、経営者が死亡したり働けなくなったりすること

存続が危ぶまれるとか商売の拡大に向かないなどのデメリットもあります。その上、個人企業名の銀行口座は開設できないので、ネット取引などの場合に信用度が落ちます。したがって、最初は、個人企業から出発したとしても、事業が軌道に乗った場合には、法人化したほうが有利になる場合が多いでしょう。

3 その他の事業体

事業体には、個人企業や公企業以外にも、以下のような事業体があります。

（1）特別目的事業体（SPV）

これはS P V（スペシャル・パーパス・ビークル）スペシャル・パーパス・エンティティ S P E とも言われ、営利目的をもたずに、投資家からの資金調達や資産の小口化のための組織で、そのうち法人格を有するものは、S P C（特別目的会社スペシャル・パーパス・カンパニー）と呼ばれます。たとえば、開発型SPCは、特定のオフィスビルを開発する目的で設立した会社で、物件の完成後は、賃貸収入から借入金利息などの経費を差し引き、残額を出資者に配当金として支払います。この不動産開発目的のSPCは、連結対象となります。連結とは、親会社の財務報告の中に子会社などの財務報告を含めることです。

（2）ペーパーカンパニー

ペーパーカンパニーは、設立登記されていますが、実体的な活動を行っていない会社です。

たとえば、悪徳商法などの違法行為を行う目的で会社を隠れ蓑にしているとか、課税対策のために設立された常勤者のいない会社などです。上述の特別目的事業体や長期間活動していない休眠会社もペーパーカンパニーに含まれることがあります。休眠会社又は休眠一般法人については、法務大臣による公告から2カ月以内に役員変更等の登記又は事業を廃止していない旨の届出をしない場合には、みなし解散の登記がされます。

（3）LLP（有限責任事業組合）
リミテッド・ライアビリティ・パートナーシップ

組合とは、「何らかの事業を行う目的で設立された団体」で、「有限責任事業組合契約に関する法律」で定められています。

LLPは、営利的非法人です。2人から設立可能で自由なルールで運営できます。組合員は有限責任で、設立費用は1人1円から可能ですが、登録免許税として6万円が必要です。法人格はないため、法人税はありません。内部自治原則により、出資比率に関係なく、利益分配は出資者同士の合意のうえに決められます。また税金は、LLP自体でなく、利益の分配を受けた組合員に課税される構成員課税となっています。

設立の詳細は、経済産業省のホームページを参照してください。同省によれば、設立され

18

たLLPのうち、経営コンサルタント業や個人教授業などのサービス業が多くを占めています。

（4） 企業組合

企業組合は、「中小企業等協同組合法」に基づく営利目的法人で、4人（半数以上は仕事従事者）の構成員が必要で、名称中に企業組合の文字を用いなければなりません。一般的には、株式会社への移行を目指す法人です。設立目的は、商業、工業、鉱業、運送業、サービス業その他の事業であり、行政庁の認可が必要です。

（5） その他の中小企業組合

その他の中小企業の組合として、中小企業の経営の合理化と取引条件の改善等を図るため最も利用され普及している「事業協同組合」、参加する中小企業の事業を統合する「協業組合」、業界全体の改善発達を図る「商工組合」、商店街の商業者等により構成される「商店街振興組合」、飲食業、旅館業、クリーニング業、理・美容業などの生活衛生業関連業者により構成される「生活衛生同業組合」等があります。

【註】

(1) Robin Pearson, ed, *The History of the Company: The Development of the Business Corporation 1700-1914,* Volume 1, Pickring & Chatto, 2006, p. xxiv.

(2) *Ibid.*

(3) Lawrence Levy, *To Pixar and Beyond: My Unlikely with Steve Jobs to Make Entertainment History,* Oneworld Publications, 2017, p. 103.（井口耕二訳『ピクサー : 世界一のアニメーション企業の今まで語られなかったお金の話』文響社、二〇一九年、一三二頁）。

(4) James C. Abegglen, *21st Century Japanese Management: New Systems, Lasting Values,* Palgrave Macmillan, 2006, p. 13.（山岡洋一訳『新・日本の経営』日本経済新聞社、二〇〇四年、31頁）。

(5) 帝国データバンク資料館・産業調査部編『百年続く企業の条件 : 老舗は変化を恐れない』朝日新聞出版、二〇〇九年、14頁及び50頁。

(6) 村上泰賢『小栗上野介 : 忘れられた悲劇の幕臣』平凡社、二〇一〇年、168頁。

(7) Carlo Borzaga and Jacques Defourny, eds, *The Emergence of Social Enterprise,* Routledge, 2001, p. 1.（内山哲朗・石塚秀雄・柳沢敏勝訳『社会的企業 : 雇用・福祉のEUサードセクター』日本経済評論社、二〇〇四年、1頁）。

(8) https://www.mof.go.jp/tax_policy/summary/corporation/c01.htm

(9) 日本経済新聞「G20、法人課税合意へ」二〇二一年七月11日、朝刊。

(10) http://www.richworld.com/de/

(11) https://www.tokyochuokai.or.jp/seturitu/kumiaisyuruihtml

第3章 企業形態

本章では、企業にはどのような種類のものがあり、その機関や仕組みはどのようになっているかを簡単にみていきます。企業形態の選択は、使命（ミッション）を達成するために、自分が有する人的、物的、金銭的、情報的資源を最もよく活用できる組織を設立するための最初の作業になります。

1　個人企業

個人企業は、法人格をもたず、基本的には資本を個人が出資して、経営を営む企業です。会社や法人組織になっていなければ、共同経営の場合も個人企業になります。個人企業の経営者は、経営の責任に対して無限責任を負います。無限責任とは、債権者に対して無限に債務責任を負うことを意味します。すなわち、失敗した場合、債務をすべて完済する責任が発生します。

個人企業は、設立しやすく、法人税・法人住民税・法人事業税もなく、撤退も容易です。開業と廃業には、「個人事業の開業・廃業等届出書」を所轄の税務署署長宛に提出するだけです。手数料は必要ありません。

以下で述べる企業は、ゴーイング・コンサーンと呼ばれ、永続を前提として設立されます。ゴーイング・コンサーンは、企業が存続・発展している状態と同時に、企業活動に直接的・間接的に関係する個々人や組織が満足して生存・発展している状態をも指すことに注意しなければなりません。

2　合名会社

会社には、合名会社、合資会社、合同会社及び株式会社が含まれます。合名、合資、合同会社の3つは、社員の地位を「持分」と呼ぶので、持分会社と総称されます。社員は、会社法では出資者を意味します。持分会社では、社員が株主に相当するので、純資産勘定の変動を表す計算書は「社員資本等変動計算書」となりますが、株式会社では「株主資本等変動計算書」となります。

合名会社は、1人以上の無限責任社員が、物的財産、人的信用、労務などを出資して設立する会社で、各人の出資金などの出資持分の譲渡には他の社員の承諾を必要とします。社員

22

は、原則として、会社の業務を執行します。

3　合資会社

合資会社は、無限責任社員と有限責任社員から構成されます。有限責任社員は、会社債務について会社債権者に対して、出資持分の範囲で責任を負う社員です。有限責任社員を含め、出資者である社員は、原則として会社の業務執行権・代表権を有します。なお、有限責任社員の出資は、財産出資のみに限られます。

出資持分の譲渡については、無限責任社員の場合は、社員全員の承諾が必要です。また、法人が無限責任社員になることも可能です。

社員の退社により、無限責任社員がいなくなると合同会社に、有限責任社員がいなくなると合名会社になります。合資会社は特殊な会社と思われるかもしれませんが、三菱財閥も初めは三菱合資会社でした。

4　合同会社（LLC）

リミテッド・ライアビリティ・カンパニー

アメリカなどではエルエルシーと呼ばれるこの会社は、有限会社の設立が認められなく

なった後で新たに設けられた会社形態です。合同会社は、1人以上の有限責任社員から構成され、持分の譲渡には全社員の承認が必要ですが、組織の内部ルールは自由に決められ、取締役会などの設置は不要です。取締役会や社員総会の必要がないので、LLCに変更する株式会社もあります。LLCの例としてアップルジャパン合同会社やアマゾンジャパン合同会社などがあげられます。

5　特例有限会社

有限会社は、2006年の会社法施行以後は新たに設立することはできなくなりました。しかし、これまで設立された有限会社は、株式会社の一種に含まれ、「特例有限会社」として存続でき、商号は、有限会社のままでよいことになっています。

この有限会社は、有限責任社員のみによって構成され、持分の譲渡には社員総会の承認を必要とします。その特徴は株式会社とほぼ同じで、取締役は1人以上で監査役は置かなくてもよく、決算公告の義務はありません。決算公告とは、財務情報を一般公開することです。

6 株式会社

株式会社は、会社の中では最も普及した企業形態なので、少し詳細な説明が必要です。株式会社では、資本の出資者である株主の責任は有限責任となります。会社名も英語では、本田技研工業株式会社（Honda Motor Co., Ltd.）やアサヒビール株式会社（ASAHI BREWERIES, LTD.）などとなります。有限責任とは、株主が、株式の引き受け価額を限度に会社債権者に対して責任をとることです。たとえば、ある公開株を100万円で買ったとすれば、最高でもその出資分の100万円だけ責任を負えばよいことになります。

株式は、会社の資金として集められる資本金を等額に細分化したもので、会社の所有権の地位を意味します。発行株式総数の半分の所有は、その会社の半分の所有権をもっていることになります。

株式には、「普通株式」、配当や残余財産の分配を優先的に受ける「優先株式」、配当などが普通株より優先度が後になる「劣後株」、2種類以上の株式を発行する「種類株式」があります。種類株式には、議決権制限種類株式や譲渡制限種類株式などがあり、会社が独自の種類株式を発行することができます。たとえば、トヨタは、譲渡制限付きの種類株式を発行しています。この種類株式を発行する会社は、種類株式発行会社と呼ばれます。

株式の値段を表すために、50円、500円や5万円など、1株の金額が記載された額面株式がかつては一般的でした。今日では、株数だけで金額が記載されていない無額面株式が用いられています。上場会社（証券取引所に株式を公開している会社）等については、株券の電子化が実現しています。これは、株主権の管理を証券保管振替機構及び証券会社等の金融機関に開設された口座において電子的に行うものです。電子化の理由は、株主にとっては、株券の紛失や盗難、偽造株券取得のリスクが排除され、発行会社にとっては、偽造株券チェックの不要化、証券会社にとっては、株券の保管などにかかわるリスクやコストの削減などの多くのメリットがあるからです。

株券の電子化が行われても、額面は、売買単位と関連しているのでその点では意味があります。東京証券取引所（東証：日本取引所グループの子会社）では、国内株の売買単位として100株に統一しています。

株券については、定款で株券を発行することを定めた株式発行会社だけが発行していま
す。株券を発行しない会社は、株券の電子化を用いる株式振替制度利用会社です。

株式会社の主たる特徴は、以下のようになっています。

（1）　1人以上の有限責任社員が1円以上の資本金で設立できます。会社を1人で設立する場合は、一人株式会社（又は一人合同会社）となり、「一人会社」

と呼ばれます。一人会社を設立する場合は、公的個人認証サービス電子証明書を取得すれば、完全オンラインで設立登記申請できます。なお、一人株式会社の設立登記には、公証人の認証を受けた電子定款を添付する必要があります。貸借対照表上では資本金額1円でもかまいませんが、設立登記等に約25万円程度かかります。

（2）株式譲渡制限会社か公開会社かを選択できます。

株式譲渡制限会社の場合、すべての株式の譲渡について、取締役会又は株主総会の承認を必要とすることを定款に記します。それ以外の会社は、株式譲渡制限のない公開会社となります。

公開会社は、上場することができます。会社の上場は、株式公開（IPO）[ルビ：イニシャル・パブリック・オファーリング]と言われ、証券取引所に名前を載せて自社株式を売買可能にすることです。上場には、金融商品取引所で社債や国債などの債券の売買や商品取引所で商品を売買することも含まれます。なお、上場されていない未公開株式は、プライベートエクイティと言います。

証券取引所は、東京、名古屋、福岡、札幌の4取引所が代表的です。東京証券取引所や東京商品取引所等を所有する日本取引所グループ（JPX）[ルビ：ジャパン・エクスチェンジ]は、大阪証券取引所を公開買い付け（TOB：買付者があらかじめ買付条件を開示して証券取引の透明性・公正性[ルビ：ティク・オーバー・ビット]

を確保する制度）し、世界第3位の市場規模を有する持株会社（子会社の株式を所有して支配する会社）です。

JPXは、証券市場を3つに分類しています。1つは、プライム市場で、大きな流動性をもち、より高いガバナンス水準を備え、投資家との建設的な対話を通じて持続的な成長と中長期的な企業価値の向上に責任をもって取り組む企業向けの市場です。第2は、スタンダード市場で、中堅企業が対象です。第3は、グロース市場で、成長企業向けとなっています。すなわち、一定の市場評価が得られる一方、事業実績の観点から相対的にリスクが高い企業向けの市場です。そのほか、プロの投資家向け市場であるTOKYO PRO Marketがあります。

2022年現在、プライムは1,841社、スタンダードは1,477社、グロースは459社となっています。

名古屋証券取引所では、プレミア市場、メイン市場、ネクスト市場を、福岡証券取引所では、本則上場以外に新興企業向け市場のQ-Board、札幌証券取引所では、本則市場以外に新興企業向けのアンビシャスを設けています。また、「日本預託証券」という仕組みで、海外株も国内株のように扱われています。

証券市場に上場するためには、上場基準を満たさなければなりません。東京証券取引所の場合、①株主数、②流通株式等、③時価総額、④事業継続年数、⑤純資産の額、⑥利益の額

28

又は売上高、⑦虚偽記載又は不適正意見等、⑧上場会社監査事務所による監査、⑨株式事務代行機関の設置、⑩単元株式数、⑪株券の種類、⑫株式の譲渡制限、⑬指定振替機関における取扱い、⑭合併等の実施の見込みといった形式基準に加え、実質基準として、①企業の継続性及び収益性、②企業経営の健全性、③企業のコーポレートガバナンス及び内部管理体制の有効性、④企業内容等の開示の適正性、⑤その他公益又は投資者保護の観点から当取引所が必要と認める事項という5つの適格要件を満たさなければなりません。

上場によって会社は、公募による時価発行増資、新株予約権・新株予約権付社債の発行などによる資金調達能力の増大、銀行や企業間の信用度の向上、企業情報の開示に伴う会社の内部管理体制の充実、知名度の向上、優秀な人材確保に役立ちます。社債は、会社が資金調達のために発行する債券ですが、上場により大きな金額を調達できる可能性が高まります。債権者にとっては元本・利息の支払い順位が劣るのですが、利回りの高いハイブリッド社債も売り出されています。

上場の最大の利点は、創業者利得です。創業者利得とは、株式の払込額面価額と時価との差額のことで、巨額の富を得られる場合もあります。これには、投資額を総所得から控除できるなどの「エンジェル税制」等の優遇措置が大きく影響します。上場には、決して安価ではない上場審査料や上場維持費用がサントリーや佐川急便のように上場しない会社もあり、上場にはデメリットがあることにも注意しなければなりません。

必要です。東京証券取引所の場合、審査料は、プライム市場四〇〇万円、スタンダード市場三〇〇万円、グロース市場二〇〇万円で、新規上場料としてプライム市場一,五〇〇万円、スタンダード市場八〇〇万円、グロース市場一〇〇万円、そのほか会社の規模によって変動する公募又は売り出しに関わる料金、上場維持費等がかかります。上場維持費は、上場時価総額（株価×発行済株式数）と3つの市場により異なり、プライム市場の場合、時価総額5,000億円を超える会社の場合は、年間456万円となります。(3)

上場すると、株主に対してだけでなく社会的責任も重くなり、創業者自身の影響力低下と地位の確保にも注意を払わなければならなくなります。また、株式を公開することによって買収や合併（M&A）の標的になるかもしれません。非上場であれば、収益に縛られない経営もできます。非上場企業のレゴグループでは、業績よりも「世界で最も安全な玩具をつくり、自社で消費するエネルギーをすべて再生可能エネルギーにする」のが目標になっていることが長期的な成長に結びついていて、売上高は過去10年、平均で15%増え続け、玩具世界最大手になる可能性が出てきました。上場会社を非公開に変更する場合もあります。ワールドは、経営者による買収（MBO）を用いて株主から会社を買い取り、経営の独自性を守るため一旦は非公開化の道を選びましたが再上場しました。

わが国では、YKKの社長が次のように述べています。「当社は株式を公開しておらず、今後もそのつもりはありません。父の理念を引き継いで従業員持株制度を整備しています。

会社には好調な時期もあれば不調な時期もある。喜びも悲しみも分かち合う従業員に株主になってもらうのが、一番よいと思えるのです」。

YKKは、上場していませんが、株主コミュニティ銘柄になっています。株主コミュニティとは、地域に根差した企業等の資金調達を支援する観点から創設された非上場株式の流通取引・資金調達の制度です。

（3）資本金の払い込み（払込資本金）　方法によって、発起設立と募集設立の区別があります。発起設立は、会社を設立しようとする発起人が会社の発行株式のすべてを引き受けるもので、募集設立は、発起人が株式の一部だけを引き受け、発起人全員の合意を得て、残りを東京証券取引所など外部の証券市場から募集します。募集設立の場合には、創立総会を招集しなければなりません。

（4）株式会社の設立には、発起人が定款を作成し、その全員が署名又は記名捺印します。定款に記載又は記録しなければならない商号は、海外展開や多角化などを考えてつけたほうがよさそうです。グローバル化に対応するためには、どこの国でも同じ発音になる名称が望ましいと言えます。たとえば、フランスやスペインなどでは、Hは発音しないので、「春」は「ある」という発音になりますし、ドイツでは、VはFという発音になるので、「ぶし」

は「ふし」になります。さらに、他の国では不快に思われる言葉にも注意しなければなりません。同じ漢字でも日本と中国とでは意味が違うことがあります。

近年、多角化や持株会社化などにより、社名変更をよく耳にしますが、社名変更には、多くのコストがかかります。商号以外に一般的な名称としてトレードネームを設ける場合もあります。出光興産株式会社は、トレードネームとして「出光昭和シェル」を使っています。

（5）株主総会は、会社の最高意思決定を行います。

会社の機関（意思決定や行為を行う人）は、株主総会、取締役、取締役会、監査役、監査役会、会計監査人、会計参与、委員会及び執行役から構成されます。すべての株式会社には、株主総会と取締役（自然人に限定）が必要です。

株主総会は、株主が集まって会社の経営に関する重要事項の意思決定をする場です。株主総会は、通常、議決権行使の基準日の3カ月以内に定時総会が開かれ、そこでの決定は株主数ではなく、株式総数による多数決原理で行われます。これを1株1議決権の原則と言います。株主総会資料は、ウェブサイトで提供できる電子提供制度が認められています。株主総会は、必要がある場合には、いつでも臨時総会を招集することができます。

株主総会を構成する株主は、株主権をもっています。株主権とは、利益配当請求権、議決権（単元株制度会社では、一単元以上の株式所有が必要）、残余財産分与請求権（解散時の

残余財産の分配を請求する権利）、全議決権の3％以上を所有する株主に対する帳簿書類などの書類閲覧権、新株引受権などの法的権利を意味します。

株主総会の招集と投票は、取締役によって行われ、ウェブページ上で行うことが可能で、通常の株主総会の開催と同時にインターネット等の手段を用いて遠隔地から参加することができるハイブリッド型バーチャル株主総会も認められています。インターネット経由の株主総会では、会場の様子を中継する「傍聴型」、質疑可能な「出席型」、会場を設けない「完全型」があります。

株主総会の審議事項には、普通決議のほかに、特別決議、特殊決議があります。普通決議は、過半数の株式を所有する株主の出席を定足数として、その過半数の賛成で成立しますが、定足数は別に定款で定められます。この議決権行使は、株主や代理人の出席や書面投票によって行われます。計算書類の承認・利益処分、取締役と監査役の選任・解任及び報酬決定、検査役（会社の設立手続きや総会召集の手続き・決議方法などに関して調査を行う臨時の監督機関）の選任等の事項については普通決議で行われます。

特別決議は、定足数である過半数の株式を所有する株主の出席の上で、その議決権の3分の2以上で成立しますが、定足数は定款により3分の1以上にできます。定款の変更、会社の合併、営業譲渡、事後設立（会社設立前に存在する財産を、設立後2年以内に会社が営業用の財産として譲り受ける契約をすること）、第三者に対する新株の有利発行、取締役・監

査役の解任、会社の組織変更などの重要な特別事項に関しては特別決議が要求されます。

そのほか、全株式を譲渡制限株式に定款変更をする場合などには特殊決議が行われます。

その場合には、議決権の過半数の株式を所有する株主が出席し、その3分の2以上の賛成を必要とします。

（6）取締役会は、業務執行の決定、取締役の職務の執行の監督、代表取締役の選定及び解職を行います。

取締役会は、株主総会の権限とされている事項以外の、重要な財産の処分及び譲受け、多額の借財、支配人その他の重要な使用人の選任及び解任、支店その他の重要な組織の設置、変更及び廃止、代表取締役の選定及び解任などの重要な業務執行の決定を行います。この決定を取締役個人に委任することはできません。

会社は、取締役会設置会社もしくは取締役会非設置会社かのいずれかを選べます。公開会社、監査役会設置会社、指名委員会等設置会社及び監査等委員会設置会社の4種類の株式会社は、取締役会を設置しなければなりません。非公開の大会社（資本金5億円以上又は負債の総額が200億円以上の株式会社）以外で、取締役会を設置しながら監査役を設置しない会社は、取締役等と共同して計算書類等を作成する会計参与を設置する会計参与設置会社と呼ばれます。会計参与はどのような機関設計においても任意的に設置できますが、監査役を

34

置かない非公開会社の取締役会設置会社は必ず会計参与を置く必要があります。会計参与は、公認会計士、監査法人、税理士もしくは税理士法人でなければなりません。また会計参与は、取締役や監査役とともに「役員」すなわち経営者を意味します。

取締役会非設置会社では、決定は、取締役の過半数で行われ、代表は各取締役となります。取締役会設置会社の場合、取締役が業務執行取締役として業務を執行するためには、取締役会からその地位を与えられなければなりません。

会社は、「監査役会設置会社」、「指名委員会等設置会社」又は「監査等委員会設置会社」を設置することが認められています。監査役会設置会社は、監査役を設置した会社です。監査役会設置会社では、監査役会は3人以上の監査役で構成され、その半数以上は、社外監査役でなければなりません。社外監査役とは、これまでその会社や子会社の業務執行に従事しなかった人から選ばれる監査役です。

上場会社は、一般株主保護のため、独立役員（一般株主と利益相反が生じるおそれのない独立社外取締役）又は独立社外監査役を1名以上確保することが義務づけられています。社外取締役は、同社に過去10年間勤務していない等の条件を満たした者で、独立社外取締役は、JPXの独立要件を満たした者となります。JPXは、プライム市場上場会社は独立社外取締役を3分の1、その他の市場の上場会社においては2名以上選任すべきとしています。

指名委員会等設置会社では、取締役会で選ばれた委員で、そのうちの過半数を社外取締役にしなければならないメンバーで構成される、3つの委員会が設置されます。その委員会は、取締役候補者の決定を行う「指名委員会」、執行役と取締役各人の報酬内容の決定を行う「報酬委員会」、業務執行の監査ばかりでなく、公認会計士又は監査法人である会計監査人の選任及び解任という人事案の決定などを行う「監査委員会」です。取締役会が選任する執行役は、取締役会から権限委譲を受けて業務執行を担当することになり、取締役は業務を執行できません。

指名委員会等設置会社では、業務執行を担当する執行役と全社的意思決定を担当する取締役会が分離され、執行役は、取締役会が選任・解任を行います。なお、指名委員会等設置会社、監査等委員会設置会社及び大会社では、計算書類等の監査をする会計監査人を置かなければなりません。会計監査人は、経営者である会計参与とは異なり、社外の公認会計士又は監査法人のみが就任できます。

監査等委員会設置会社は、監査役は置かず、株主総会で特別に選任された取締役3人以上（過半数は社外）で構成する「監査等委員会」を設置した会社です。監査等委員会は、取締役の業務を監視し、会計監査人の選任及び解任並びに会計監査人を再任しないことに関する議案の内容の決定、並びに株主総会で取締役の選任・解任や取締役の報酬についても意見を述べることができます。

監査等委員会設置会社では、監査等委員会以外の取締役は、業務執行取締役になることができます。すなわち、この企業統治体制の企業は、現取締役は次の取締役の指名や報酬を自ら決定できるので指名委員会等設置会社よりも増加しています。

（7）代表取締役は、取締役会が決定した方針に従って業務を執行します。

監査役会設置会社及び監査等委員会設置会社では、代表取締役は、取締役会で取締役の中から選ばれます。代表取締役は、対外的に会社を代表し、会長と社長など、1人でなくてもかまいません。会長は対外的な仕事を、社長は社内の仕事を担当しているのが一般的です。

取締役会非設置会社では、決定は取締役の過半数で行われ、代表は各取締役です。

指名委員会等設置会社では、決定は取締役会が行い、業務執行は、執行役によって行われます。執行役は、取締役会によって選任され、執行役が複数いる場合は、代表執行役が選ばれます。代表執行役は、CEO（チーフ・エグゼクティブ・オフィサー）とも呼ばれ、日本では「代表執行役社長（会長）兼最高執行役員」などとなります。たとえば、パナソニックは、代表取締役社長執行役員としています。

なお、指名委員会等設置会社ではない会社でも任意に「執行役制度」を設置することができます。

ところで、ノルウェー、ベルギー、フランス、ドイツ、アイスランド、イタリア、オラン

ダ、スペインなどでは、取締役の女性比率が40％を下回らないように法律で義務づけています。その動きは、アジアやアフリカにも及んでいて、わが国でも2030年を目途に女性の役員比率3割達成を目指す「30％クラブ」が始動しています。[9]　30％クラブは、2010年に英国で創設された、取締役会を含む企業の重要意思決定機関に占める女性割合の向上を目的とした世界的キャンペーンです。内閣府の男女共同参画局によれば、2012年から2022年の10年間で、上場企業の女性役員数は約5・8倍に増えているものの、その割合は、9・1％にとどまっています。[10]

　ジェンダー（社会的・文化的性差）における平等の実現などの新しい規範に従う起業家は規範起業家と呼ばれます。[11]　調査によれば、取締役の女性比率と利益率の間には、おおむね緩やかな正の相関があることを示しているので、[12]　さらなる女性登用が望まれます。

　（8）　監査役は、会計監査と業務監査を行います。

　監査役は、株主総会で選任され、取締役の職務の執行を監査することを役割とし、会社の業務監査及び会計監査を担当します。会計監査は、会計が正しく行われて虚偽がないことを調べて承認するものです。業務監査は、取締役の業務執行が法令・定款に適合しているかという適法性についての監査です。このように、監査は、業務執行の結果を企業会計の基準、法令や社内の定款などの基準に則しているかどうかを調べて株主総会等で報告することです。

7 相互会社

相互会社とは、相互保険（保険加入希望者が出資し合って団体を構成し、その団体が保険者となって構成員のために行う保険）を営むための社団法人で、生命保険会社と損害保険会社のみに適用される企業形態です。すなわち、これは会社法上の会社ではありません。出資者に当たる有限責任の保険加入者のための会社であり、業務の運営は、保険加入者である社員によって行われ、社員総会で取締役と監査役とを選任し、剰余金の処分案を承認し、定款の変更がある場合はそれの決定をします。

保険業を営む法人は、保険業法で規定されていて、相互会社のほかに、外国相互会社や外国保険会社などがあり、株式会社でもよいことになっています。

現在、金融庁所管の生命保険会社42社のうち、日本生命、住友生命、明治安田生命、富国生命、朝日生命の5社だけが相互会社で、外資を除く損害保険会社の33社はすべて株式会社です。外資系保険会社に対抗するために、より大きな資金を市場から調達して、経営力の強化を目指すために相互会社の株式会社化が進んでいます。たとえば、第一生命は、株式会社化しましたし、株式会社かんぽ生命は、総資産額において世界最大の保険会社になりました。

【註】

(1) 河野昭三「ゴーイング・コンサーンの概念と現代的課題」河野昭三編著『ゴーイング・コンサーンの経営学』税務経理協会、1996年、25頁。

(2) https://www.jpx.co.jp/equities/improvements/market-structure/nlsgeu000003pd3t-att/nlsgeu000004kjhc.pdf

(3) https://www.nikkei.com/article/DGXZQOUB113YR0R10C22A100000/

(4) https://www.jpx.co.jp/equities/listing/fees/02.html

(5) 「レゴ、最高益より1億人」日本経済新聞、2016年3月17日、朝刊。

(6) 日本経済新聞社編『人間発見　私の経営哲学』日本経済新聞社、2004年、79頁。

(7) https://market.jsda.or.jp/shijyo/kabucommunity/seido/meigara/2020090718056.html

(8) 日本経済新聞「株主総会、事前の議決権行使」2022年8月20日、朝刊。

(9) https://30percentclub.org/chapters/japan-2/

(10) https://www.gender.go.jp/research/weekly_data/05.html

(11) Iris Bohnet, *What Works: Gender Equality by Design*, The Belknap Press of Harvard University Press, 2016, pp. 252-253.（池村千秋訳『ワークデザイン：行動経済学でジェンダー格差を克服する』NTT出版、2018年、307-308頁）。

(12) *Ibid.*, p. 240.（同上訳書、292頁）。

40

第**4**章 スタートアップ

1 スタートアップとは何か

スタートアップは、最近までベンチャービジネスという和製英語で呼ばれていました。アメリカではニューベンチャーやスタートアップなどと言われます。近年、わが国でもスタートアップという用語が使われるようになりました。なお、スタートアップは、未開拓の市場や画期的（革新的）な製品・サービスの開発・提供に挑戦するために起業された、短時間にその事業が急成長する（一般的に数年以内に１００倍以上）可能性を秘めた企業のことを指す場合があります。[1]

スタートアップと通常の中小企業との最も大きな違いは、スタートアップがイノベーションをもとに一定規模にとどまることなく、国内トップレベルあるいは世界的な競争力をつけて規模を拡大することを目的としている点です。たとえば、GREEは創業４年で、DeNAは６年で、それぞれ東京証券取引所に上場を果たしました。韓国の大宇は、創業者の金宇中氏が30代で5人の社員から出発して輸出事業で急成長し、1代で財閥になりました。

41

スタートアップを設立する人は、起業家あるいは、経営にイノベーションを導入して事業を起業する目的をもっています。全国規模あるいは世界市場を狙うためには、イノベーションは不可欠です。前述のようにヨーゼフ・シュンペーターは、起業家を新しい組み合わせを実行する人とし、その新しい組み合わせをイノベーションと呼びました。このイノベーションには、新しい製品、新しい生産手段、新しい市場、新しい原材料、新しい組織という4つの主なタイプがあり、それによって経済社会の発展をもたらすと指摘されました。たとえば、イノベーションは、固定電話より早く携帯が普及するような「かえる跳び」と呼ばれる発展をもたらすことがあります。

シュンペーターの定義によれば、起業家は、営利企業ばかりでなく、非営利、公的部門組織のような領域でも出現可能であり、それが望まれます。また起業家精神は、新しい組み合わせを実行するプロセスとも言えましょう。起業家と同様に起業家精神は全般的概念で、これも中小企業、巨大な国内及び多国籍組織ばかりでなく、社会ベンチャー、事業、コミュニティ、政府に適応されることが可能です。

目新しい電子機器などのイノベーションをもたらすために、研究開発費はいくらくらいかかるのでしょうか。米 Strategy & によれば、2016年、世界で最も革新的な企業は、アップルで、その研究開発費は世界第81位でした。最近、研究開発費がイノベーションに結実してきていて、2021年にアップルは世界一に返り咲きましたが、投資額も5年間に

42

４、３００億ドルと増加しました。(6) 残念ながら、研究開発費は必要ということになります。

しかし、これで残念がる必要はありません。クリス・アンダーソンが指摘するように、私たちは、デジタルツールを利用して画面上でデザインし、デスクトップの工作機でモノづくりを行うことができるようになりました。(7) アイデアさえあれば誰もが３Dプリンタ、CNC装置、レーザーカッター、３Dスキャナーという４種の神器を使い「製造業者(メイカーズ)」になれるのです。また、ほかの受託生産会社(ファウンドリー)に生産を依頼することもできます。たとえば、「おーいお茶」は、飲料化に関しては、自社工場をもたず生産を飲料製造企業に委託する「ファブレス方式」(8)（沖縄を除く）を採用しています。

高価なコンピュータなどのインフラやソフトウェアについては、それをインターネット経由で複数の人に提供するパブリッククラウドを使えば、安上がりになります。アマゾンのクラウドサービスAWSでは、「コンピューティング」、「ストレージ」、「データベース」、「機械学習」、「分析」などが利用できます。

２　多様な起業家精神

起業家や起業家精神と関連のある用語をここで明らかにしておきます。通常の起業ばかりでなく、さまざまな起業があるので、参考にしてください。

（1）エコプレナー

　エコプレナーは、エコとアントレプレナーを合体させた造語です。エコプレナーはグリーンビジネスと関係があります。グリーンビジネスは、園芸ビジネスを指す場合もありますが、通常、既存の会社が環境責任のために取り組むことです。自分が仕事をしている経済セクターを環境に優しくグリーンであるように変えるためにビジネスを創造する人は、エコプレナーと呼ばれます。(9)

（2）社会起業家 ソーシャル・アントレプレナー

　社会起業家あるいは社会的起業家は、利潤の極大ではなく、社会をよくすることを使命とする市民のための組織、もしくは、営利を追求しつつ、かなりの利益を慈善活動に投資する組織を設立する人です。

　最も有名な社会起業は、バングラデシュの「グラミン銀行」です。この銀行は、貧困者が自立できるための無担保融資を行っています。この銀行のおかげで、設立から4年で18、000人以上が物乞いしなくてよくなりました。(10)　創立者のムハマド・ユヌス総裁は、この貢献に対して2006年にノーベル平和賞を受賞しました。他の例として、ベルトコンベアによる組立て生産によって自動車王と呼ばれたヘンリー・フォードは、看護衛生学校を開設して、当時

44

は一般的でなかった誰でも平等に治療が受けられる病院を設立しました[11]。

社会起業を促進しているシュワブ財団は、社会起業家を表彰しており、小暮真久氏などが表彰されています[12]。

ソーシャル・ビジネスで株式公開する場合は、ソーシャルIPOと呼ばれます。これは、Beyond（ビヨンド）ESGとも呼ばれ、アメリカNPOのBラボによる認証を受けた場合にはBコープと認証されます[13]。

近年、アメリカで「ベネフィット・コーポレーション」という企業形態が現れました。ソーシャル・ビジネスは、営利に限定されないのですが、ベネフィット・コーポレーションは、営利の獲得に加え、社会や環境を配慮する企業で、財務上の利益にとらわれません[14]。このベネフィット・コーポレーションもBラボによる認証を受けた場合は認証Bコープとなります。

（3）企業内起業家（イントラプレナー）

企業内起業家は、企業内でスタートアップを起業する人です。これには、経営者からのトップダウン型と社員が自主的に取り組むものがあります。これらを支援するため、ソニーでは、ソニー・スタートアップ・アクセラレーション・プログラムを設けていて、社内起業だけでなく、社外へのサービス提供も開始しています[15]。

企業内起業家の育成と活用は、リスクを親会社と分け合うことによって有利に展開できるので、親会社にとっても、親会社から独立する個人にとっても望ましい制度です。たとえば、企業内起業家は、親会社から人、物、金、情報を提供されるばかりでなく、親会社やその取引のある会社などから注文も得ることができます。

企業内起業を立ち上げるプロセスは、通常の起業プロセスとほぼ同じになります。すなわち、①機会の確認と評価、②ビジネスプランの作成、③経営資源の確認と必要な資源の獲得、④企業の設立と管理です。

（4）友だち起業家

これは、友だちや仲間のために仕事をはじめる起業家です。たとえば、アウトドア製品メイカーのスノーピークにも当てはまります。また、パタゴニアは、「世界一のクライミング道具を従業員や友人向けにデザインしてつくっていた、小さな会社」でした。定年後に地域の仲間のために起業する人などもこれに含まれます。

（5）独立生産者

インデペンデント・プロデューサーは、永続的な企業をつくろうと思っておらず一時的なビジネスを行う人であるため、起業家とは区別されます。たとえば、インターネットを介し

46

て一回限りのビジネスを行うなどです。企業は、インデペンデント・プロデューサーを雇用したり、知的財産権を買い取ったり、事業をまるごと買収する場合もあるでしょう。

このほか、政府機関などの公的組織を再生する起業家精神は、パブリック・アントレプレナーシップと呼ばれますが、ここでは詳述しません。

これらの起業家精神をはぐくむ土壌や文化、個人のパーソナリティがあることは、研究により、ある程度わかっています。たとえば、人間には、権力欲求、親和欲求、達成欲求があり、達成欲求が高いと生産性が向上することを明らかにしたデイビッド・マクレランドは、「想像的物語——民話や子供のための物語——のなかに表現されたような達成への関心は、現代においては経済発展の一層急速な速度と関連する」と述べて、達成欲求は、子供のころ達成欲求を満たす物語を読むことによって高まると指摘しました。[19]。日本の「桃太郎」などの「物語」は、達成欲求を満たすものであったため、高度成長に結びついたと言われています。

スコット・ギャロウェイは、成功する起業家の条件として、ブランドづくりより製品づくりができること、創業チーム内、あるいは近くに技術者を入れることを指摘しています[20]。そして、「あなたが他人と仲よくできず、他人を信頼する能力をもたず、新しい製品やサービスに病的なまでに固執するなら、あなたは起業するのに向いているかもしれない[21]」と自身の経験から述べています。

3 スタートアップの必要性

わが国は、1991年に世界一の国際経済競争力を誇っていましたが、その年以降の30年間は経済成長がほとんどなかったため、「失われた30年」と呼ばれました。30年間賃金上昇は、ほとんどありませんでした。そして、国際経営開発研究所（IMD）<small>インターナショナル・インスティテュート・フォー・マネジメント・ディベロップメント</small>によれば、2022年には、経済競争力は世界34位に低下してしまいました。[22]

この背景には、スタートアップ事情があると指摘されています。GEM（グローバル起業家精神<small>アントレプレナーシップ</small>モニター）の2021／2022レポートによれば、日本の総合起業家活動指数（TEA：新しいビジネスを開始しているか運営している成人の割合数）は、大卒以上が5・5％、それ以外が7・4％でした。[23]

2022年版『中小企業白書』[24]では、「起業希望者」、「起業準備者」、「起業者」が減少していて、開業率（当該年度に雇用関係が新規に成立した事業所数／前年度末の適用事業所数）は、5・1％となっています。この数字は、イギリスの11・9％、フランスの12・1％、アメリカの9・1％と比べて低くなっています。

また、スタートアップ自体の弱点も理解しておかなければなりません。①社名が認知され開業率が低い理由として、不十分な起業教育、安定志向や家族の反対などがあります。

48

ていないので、知れ渡り利益を出すまで相当の時間がかかる、②資金調達が困難、③信用がない、④経験豊富な管理者や従業員が来てくれない、⑤従業員訓練と管理サポートの問題に直面するといったことを念頭に置いておかなければなりません。

2007年時点では、1988年以降に起業された事業所が約45%を占めていました。起業が経済の新陳代謝を促していることがこの数字から読み取れます。したがって、スタートアップを目指して起業することも必要ですが、普通の中小企業からスタートアップに転換することもできます。たとえば、ユニクロもそうした範疇に入るでしょう。

そのため、政府は、企業価値又は時価総額が10億ドル以上となる、未上場スタートアップ企業（ユニコーン）(25) 又は上場スタートアップ企業の創出という目標を立てています。企業価値が、ユニコーン企業の100倍（1,000億ドル）以上の非上場ベンチャー企業は、ヘクトコーンと呼ばれます。

大規模研究開発型スタートアップ企業については、事業計画を認定された企業が、経済産業大臣に指定された民間金融機関から行う一定の借入れについて、中小企業基盤整備機構が債務を保証する制度(26) を創設しています。

中小企業基本法は、中小企業を業種ごとに定義しているので注意しなければなりません。すなわち、製造業、建設業、運輸業、その他の業種（卸売業、サービス業、小売業以外）は、資本の額又は出資の総額が3億円以下かつ常時使用する従業員数が300人以下で、卸

売業では、同1億円以下で同100人以下、サービス業では同5、000万円以下で同100人以下、小売業では、同5、000万円以下で同50人以下となっています。また、米中小企業庁の報告では、わが国の企業数の385・3万社、99・7%が中小企業です。また、米中小企業庁によれば、アメリカでも2022年現在、99・7%が中小企業です。[27]

経済産業省のアメリカの分析では、起業家が生まれるかどうかは、①環境効果（幼少期の身近な起業家の存在、親の所得水準）、②慣行を含む参入障壁、③流動性制約（相続による資産増加）、④リスク選好度の違い（高所得者は起業する確率が低い）、⑤教育機会といった要因に影響されることが示されています。[28]

また、内閣府は、従来技術の延長にない、ムーンショット（より大胆な発想に基づく挑戦的な研究開発）を推進する制度を設けていて、たとえば、2050年までに、AIとロボットの共進化により、自ら学習・行動し人と共生するロボットを実現するなどのムーンショット目標を掲げていますので、[29]こうしたことに取り組む起業家が望まれています。

アメリカは、わが国がバブル崩壊後の低成長に苦しんでいた間も成長を続けました。その原動力になったのは、女性による起業です。アメリカでも女性は男性とは異なり、一攫千金というよりも確実な投資を行う傾向があり、フランチャイズのような必ずしもスタートアップとは言えない事業に参入する人が多いのです。

フランチャイズとは、その商標やノウハウなどを受け取るフランチャイジーが、多数の店

舗を運営しているチェーン組織のブランド名の下で店舗の運営権利を購入し、典型的には、ブランド価値を守るために一定の運営方針に従うことを承諾し、チェーン組織本部へ売上高に基づく商標権料（ロイヤリティ）を支払い、店舗の生み出した所得を受け取る仕組みの事業形態です。[30] 彼女たちの起業は、アメリカ経済の下支えとなりました。

「女性起業家のマスターカードインデックス 2020」によれば、イスラエルは、女性の起業家ランキング世界一でした。[31] イスラエル政府は、女性経営者の割合が少ないことを考慮して起業に関する助成金の審査で女性を優遇しています。[32] わが国も同様の取り組みが必要でしょう。

日本政策金融公庫の「2022年度起業と起業意識に関する調査」によれば、「女性」の起業家が24・4％、パートタイム起業家では43・9％となりましたが、起業無関心層では、「女性」（57・5％）が半数を超えています。[33] この調査では「パートタイム起業家」とは、事業に充てる時間が1週間に35時間未満の起業家です。

女性の起業希望者は増加していると考えられますが、背景には、女性のライフサイクルに伴う労働力人口の変化があります。女性の労働力率（15歳以上に占める労働力人口の割合）は、29歳位までは増加しますが、育児期に低下し、育児後再び上昇して、加齢とともに低下する「M字型」を形成してきました。しかし、女性の就労をサポートする育休法などの法的整備と企業の支援策が整ってきて、M字のへこみが小さくなり、男性と同じように「高原

型」へ移行しつつあります。女性の常用労働者は、これまで「への字型」に減少していました。既婚女性は、転勤をはじめとして男性と同じように働くことは容易ではありません。そのため、女性がビジネス上の成功を収める手段の1つとして起業が注目されます。

4 スタートアップの設立

アメリカでは、年金や保険会社などの機関投資家は新規創業企業に投資すべきであるとする意見が1940年代から芽生えました。それに先立ち、ロックフェラー家、ホイットニー家、フィップス家などの資産家や財団及び大学が商取引に新しいテクノロジーを活用し、経済環境刷新のためにベンチャー・キャピタリストになりました。[34]ベンチャー・キャピタリストとは、起業家に資本を提供して出資者となってくれる人や組織のことです。

1946年には、ハーバード・ビジネススクールのジョージ・ドリオット教授が大勢の教え子を集めて最初のベンチャー・キャピタル企業であるＡＲ＆Ｄ(アメリカン・リサーチ・アンド・ディベロプメント)を設立しました。[35]ＡＲ＆Ｄは、コンピュータ会社のＤＥＣ社（1998年にコンパックに買収された後ＨＰと合併）に投資して大きな成功を収めました。

日本でも三菱ＵＦＪキャピタルやＳＭＢＣベンチャー・キャピタルのように、新規創業企業に投資するベンチャー・キャピタル企業が出現しています。ベンチャー・キャピタル企業

は、一定の期間内に予定した株式売買差益（キャピタルゲイン）を獲得したのち、その投資先会社との関係を絶って退出すること（イグジット）を目的として資金を提供するのが通例です。CVC（コーポレート・ベンチャーキャピタル）と呼ばれる普通の企業がスタートアップに投資する例も増加しています。ベンチャー・キャピタル会社は、常に投下資本を回収して利益を上げることができるとは限らず、投資資本回収不能案件を有することになる可能性もあります。

起業にとって資金調達（ファンドレイジング）は、最も重要です。自己資金だけでなく、親戚や友人などから出資、株式市場から資金を調達するエクイティファイナンス、銀行以外の主体によるプライベートデットなどもありますが、銀行融資は、一般的な資金調達方法です。銀行融資を受ける際には、通常保証人が必要です。中小企業庁は、開業率の低い非大都市圏では、地方銀行や信用金庫・信用組合が、積極的に起業資金を融資する必要性を説いています。こうした金融機関は、お金の貸し借りばかりでなく、事業の創造、R&D（リサーチ&ディベロップメント研究開発）、そして再建に至るまで、さまざまな経営コンサルタント業務を担当する会社に変化しました。

5　パートタイム起業

ほかの仕事はしないで起業に専念するフルタイム・ビジネス以外に兼業で起業するパートタイム・ビジネスがあります。パートタイム起業とは、会社などに勤めながら片手間で起業

する方法です。定職に就きながら起業すれば、家族も安心でしょう。サラリーマンを続けながら作家になる人もいます。習字の先生や美術の先生は個人経営に終わる場合もありますが、経済全体には望ましいことです。

こうしたパートタイム起業は、アメリカでは珍しいことではなく、大企業の多くがパートタイム起業家でした。たとえば、アップル、デル、メタ、マイクロソフト、ヤフーなどの日本人にとっても身近な企業もこれに含まれます。[36]

ザッポスのCEOトニー・シェイは、大卒後オラクル社に就職しました。すぐさま、パートタイム起業として、ウェブサイトの作成を始めました。最初に地元の商工会議所にウェブサイトを無料で製作することが認められました。次に商工会議所が顧客だという謳い文句により多くの企業と契約を結びました。これが成功したので、リンクエクスチェンジという会社を立ち上げ、これをマイクロソフトに26、500万ドルで売却し、次に経営に関わったザッポスを12億ドル以上で売却しました。[37]

危険性が低い起業のために望ましいのは、パートタイム起業でしょう。しかしながら、普通の会社には副業禁止規定がある場合もあり、パートタイム起業家を生み出すことが難しくなっています。

厚生労働省は「副業・兼業に関するガイドライン」を策定して、企業は、原則、副業・兼業を認める方向とすることが適当であるとしています。リクルートキャリアの2021年調査で

54

は、①兼業・副業を実施している人は9・4％で今後実施してみたいと回答した人は40・9％、②兼業・副業を認める企業は19・1％、③全体の56・4％の人が、自身の住まいとは異なる地域で働く「ふるさと副業」に興味があることがわかりました。

雇用されることなく企業などから単発の仕事を請け負う就労形態は、ギグエコノミーあるいは日雇い労働と言われていますが、デロイトトーマツグループによると、「フルタイムの仕事と同水準の報酬を得られる」人は24％でした。この数字は、起業など他の仕事を始めなければならないことを示しています。

わが国が成長を続けるためには、起業が不可欠です。こうした起業を助長するためには、既存企業の起業支援が大きな力になります。すべての企業は、従業員全員の終身雇用を保証できないので、いつでも他社で働ける能力であるエンプロイアビリティを従業員に身につけさせることだけでなく、起業支援が一種の社会貢献であり、社会的責任であると思われます。可能であれば、有期契約の起業希望者対象採用枠を設けていただきたい。こうした人たちに早いローテーションで組織のノウハウを伝えてもらうことが、日本の強さを高めていくのです。

倒産しても「会社のたたみやすさ」が容易であれば、失敗のコストが少なくて済むので起業しやすいと言われますが、失敗しても会社に戻れるような配慮があると安心です。そうした会社は増えつつあります。ＤｅＮＡでは、出戻りをおおむね歓迎しており「外をみて、視

野を広げたうえでまた選んでもらえるならその選択は本物だし、本観的に捉えて改革の旗振りをしてほしい。組織に属さず、プロジェクト単位でゆるやかにつながっている元社員もいる。会社と個人の関係はそんなに固定的でなくてもいいのかなと思う[41]として、元社員を活用しています。また、トヨタは「プロキャリア・カムバック制度」、富士通は「カムバック制度」を設けて出戻りを認めています。

6 スタートアップのタイプ

スタートアップにもさまざまなタイプがあります。アメリカのスタートアップの草分け的存在は、アップルやグーグルのようなガレージカンパニーと呼ばれるものでした。彼らは、自宅のガレージでコンピュータなどを開発して業界に参入しました。

わが国では、家で行う仕事のうち、主に専業性が高い仕事を行い、独立自営の度合いが高いものは、スモールオフィス・ホームオフィスＳＯＨＯと呼ばれます[42]。

中小企業庁は、起業の経緯を①スピンオフ型（前職の企業を退職し、その企業とは関係をもたないで起業）、②のれん分け型（前職の企業は退職したが、その企業との関係を保ちつつ独立して起業）、③分社型（前職の企業の方針として、分社化又は関連会社として起業する場合で、事業の一部を切り出すためにカーブアウトとも呼ばれることがあります）、④独

自型（他社での勤務経験はなく、独自に起業）、⑤その他と分類しています。⁽⁴³⁾

こうした分類は、起業の分野を決めるうえで参考になると思われます。スタートアップは、全国的又は世界的なレベルを目指すことを求められますが、必ずしも新技術を自分で開発して創業する必要はありません。たとえば、アップルで使われたマウスとアイコンは、ゼロックスのパロアルト研究所で開発されたものです。⁽⁴⁴⁾「フラッシュ・メモリー」は東芝が開発し、世界に先駆けて実用化した技術が供与され、2022年現在、韓国サムスン電子が世界シェア1位となっています。

高い成功を収めた製品の半分以上がこの世の中にない製品だと言われています。ソニー創業者の井深氏は「世の中にないもの」を新商品として定義し、「わが社のポリシーは、消費者がどんな製品を望んでいるかを調査して、それに合わせて製品をつくるのではなく、新しい製品をつくることによって彼らをリードすることにある」⁽⁴⁵⁾と述べました。

アップルのミッションは「今までみたこともないものを提供することによって、この世をよくすること」⁽⁴⁶⁾ですが、このことについてスティーブ・ジョブズは、「実際にものをみせてあげるまで、本当のところ、何がほしいのかが消費者自身にもわからないことが多いんだ」⁽⁴⁷⁾と指摘しました。

多くの成功しているスタートアップは、まったくこの世の中にない製品をつくり出そうとして入るのですが、それはとても難しいので、すでにこの世の中にあるものに「ほかにない何か」を

加えているケースが多いのです。重要な点は、全国的又は世界的な競争力のある企業を目指すかどうかです。そうした競争力に欠かせないのは、人材とその組織化です。創業者1人でできるかもしれませんが、本田技研の「技術の本田社長、販売の藤澤専務」で有名な、創業者本田宗一郎の右腕として知られる藤澤氏のような、よいパートナーをみつけることも必要です。[48]

7 創業支援

創業支援(インキュベーション)には金銭的及び物的支援といったハードの面と運営面でのサポートといったソフトの面があります。このうちソフト面の支援[49]には、アドバイス支援、最も効率のよい手法の普及[50]、提携の奨励、インターネット接続サービス(ゲートウェイ)などの、中小企業が直面する問題に対応するものです。

インキュベーター(保育器)は、産まれて間もない成長の可能性のある企業や個人を対象にしているのに対して、アクセラレーターは、すでに活動している企業の事業成長の加速(アクセラレーション)[51]を支援します。

経済産業省は、アクセラレータープログラムを実施しています。

以下、具体的にみていきます。

（1）創業資金調達

　前述のように、銀行、政府系金融機関、親、友人などから資金を集めることは、ファンドレイジングと呼ばれます。公的な資金支援には、次のようなものがあります。

① ＳＢＩＲ（スモールビジネス<ruby>研究開発<rt>イノベーション・リサーチ</rt></ruby>）制度

　国によって創設されているＳＢＩＲ制度は、スタートアップ等による研究開発を促進することでイノベーション創出を促進するための制度で、補助金や委託費が支出されます。このうち、特定新技術補助金等は、研究開発型スタートアップ等を交付対象に含むものを指し、指定補助金等は、政策ニーズに基づき国が研究開発課題を設定して交付する補助金等のことです。[52]

② 日本公庫による創業支援資金

　代表的政府系金融機関の支援は、日本公庫によって行われています。日本公庫は、国民生活金融、中小企業金融、農林漁業金融、国際協力銀行業務を担っています。そのうち、新たに事業をはじめる人や事業開始後間もない人には、3,000万円（うち運転資金1,500万円）までの融資を無担保・無保証人で利用できる新創業融資制度を取り扱っています。

新創業ばかりでなく、創業に再チャレンジする人や経営多角化や事業転換などにより第二創業を図る人への融資も行っています。再挑戦支援資金制度は、新規開業又は開業後おおむね7年以内の人で、廃業歴等を有する個人又は廃業歴等を有する経営者が営む法人であること、廃業時の負債が新たな事業に影響の与えない程度に整理される見込み等であること、廃業の理由・事情がやむを得ないもの等であることなどの条件を満たす場合に7億2,000万円（うち運転資金2億5,000万円）を上限として融資されます。

また、高齢者や障害者の介護・福祉、子育て支援、地域活性化、環境保護等、地域社会が抱える課題の解決を目的とする事業を営む事業者に対して、7,200万円（うち運転資金4,800万円）を上限にソーシャル・ビジネス支援資金を融資しています。

日本公庫の創業融資制度の2021年度の利用件数は、26,000先、1,406億円となっています。女性、シニア及び若者も利用しています。

③　ローカル10,000プロジェクト（地域経済循環創造事業交付金）

総務省は、地域の資源と資金（地域金融機関の融資）を活用して、地域密着型事業の立ち上げを支援するため、初期投資費用（ハード整備）について、地方公共団体が助成する経費の一部に対し、1,000万円（上限2,500万円）を交付しています。

60

④ グローバル・スタートアップ・エコシステム強化事業

グローバルで成長するスタートアップのロールモデル創出に向けて、官民で連携し、海外展開を含むスタートアップの育成・支援を行う「J-Startup」プログラムを実施しています。本プログラムの一環として人材育成事業等を行っているほか、5,000万円を限度とした補助金や、ものづくり系スタートアップの量産化・事業化支援をしています。

⑤ GAPファンディング

ギャップファンディングプログラムは、大学の研究成果の事業化にあたり試作品作成やテスト販売などに対して、費用を助成する制度です。たとえば、東北大学では、事業化の意志をもつ研究者を対象に社会的インパクトのある研究成果の事業化・実用化を支援する東北大学ビジネス・インキュベーション・プログラムを実施していて、1件150〜200万円を限度にギャップファンドを提供しています。

試作品などの事業化に見通しがつかず流されてしまう「魔の川」、製品が利益を出すまでの「死の谷」、事業を成長させていくために進化を遂げる「ダーウィンの海」という3つの関門を突破するためには、かなりの資金が必要なので、こうした返済不要の資金が欠かせません。[53]

⑥　クラウドファンディング

　新規・成長企業等と投資者をインターネット上で結びつけ、多数の者から少額ずつ資金を集める仕組みであるクラウドファンディングには、寄付型（寄付としての資金提供）、購入型（製品・サービスの受け取り）、投資型（株式やファンドの取得）等があります。投資型クラウドファンディングでは、金融商品取引業者として登録を受ける必要があります。金融商品取引法は、総額1億円未満、1人当たり投資額50万円以下であるとか、クラウドファンディング業者に対して、「ネットを通じた適切な情報提供」や「ベンチャー企業の事業内容のチェック」を義務付けています。

　東京都では、創業資金調達に応えるクラウドファンディングの活用を促進するために利用手数料の補助を行っています。また、クラウドファンディング・プラットフォーム（インターネット上の基盤）最大手の「レディーフォー」は、女性起業家も支援していて、起業家とそれに出資する出資者の半数以上が女性になっています。(54)

⑦　P2P（ピア・ツー・ピア）

　P2Pは、ソーシャルファイナンスなどとも呼ばれ、ネット上で融資を求める中小・零細事業者と個人投資家をつなぎ、個人間で資金を融通するビジネスです。(55)

（2）創業関連保証・創業等関連保証

信用保証協会法に基づき設置されている信用保証協会は、産業競争力強化法に基づく創業者に対して、最大2,000万円までの保障をする「創業関連保証」と中小企業等経営強化法に基づく創業者、新規中小企業者創業等創業に対して最大1,500万円を保障する「創業関連保証」を行っています。

中小企業等経営強化法は、中小企業事業者等が作成した「経営力向上計画」が国から認定を受けた場合、機械及び装置の固定資産税の軽減や金融支援（低利融資、債務保証等）などの特例措置を定めています。

信用保証協会は、創業・事業承継支援も実施していて、たとえば、宮城県信用保証協会は、気仙沼市役所など各地でセミナーを開催しています。

産業競争力強化法の下、創業支援事業に関して国の認定を受けた市区町村は、創業支援を行う民間の各支援機関と連携し、継続的な支援を行っています。特に、継続的な支援により、経営、財務、人材育成、販路開拓のすべての知識が身につく事業である「特定創業支援等事業」の支援を受けた創業者は、会社設立時の登録免許税の軽減や信用保証の特例などを受けることができます。

（3）創業支援サポート

　創業支援サポートは、日本公庫の「創業ホットライン」や「創業相談」、中小企業基盤整備機構の「起業ライダーマモル」、自治体の「創業支援窓口」、国の「よろず支援拠点」が利用できます。そのほか、認定創業スクール制度もあります。これは、創業に必要な財務・税務等の基本的な知識の習得からビジネスプラン作成等の支援を行う、一定要件を満たす創業支援講座を国が「認定創業スクール」として認定し、地域における創業の活性化を目的とする制度です。

（4）規制のサンドボックス（新技術等実証制度）

　規制のサンドボックス制度とは、IoT（モノのインターネット）、ブロックチェーン（分散型台帳）、ロボット等の新たな技術の実用化や、プラットフォーマー（プラットホームの提供者）型ビジネス、シェアリングエコノミー（プラットホームを介して行われる経済活動）などの新たなビジネスモデルの実施が、現行規制との関係で困難である場合に、新しい技術やビジネスモデルの社会実装に向け、事業者の申請に基づき、規制官庁の認定を受けた実証を行い、実証により得られた情報やデータを用いて規制の見直しにつなげていく制度です。[57]

64

（5）人材の充実・育成支援

　人材は重要で、アップル創立の際、ベンチャー投資家のドン・バレンタインは、年若いスティーブ・ジョブズとスティーブ・ウォズニアックにマーケティングの専門家をみつけてこない限り投資しないと言いました。これが功を奏して成功したわけですが、みつけてきた年上の人が参加することにより互いにスキルや経験の不足を補いあったと指摘されています。

　経済産業省は、上述の「J-Startup」で外部有識者からの推薦に基づき、J-Startup 企業を選定し、大企業やアクセラレーターなどの「J-Startup サポーター企業」とともに、官民で集中支援を行うプログラムを実施しています。

　そのほか、日本商工会議所、全国商工会連合会、雇用・能力開発機構などさまざまな公的部門が支援をしています。

　大学については、大学等技術移転促進法があり、その法律の承認を受けた事業は、認証TLO（技術移転機関）と呼ばれます。このTLOは、大学等の研究成果を特許化して、それを民間企業に技術移転する法人です。2022年3月現在、東京大学をはじめとする32機関が承認TLOとなっています。

　近年では、大学発スタートアップが大学から知的財産権のライセンスを取得する対価に新株予約権を活用するケースがあり、東京大学TLOは、新株予約権を221社から取得していて、そのうちの5社が株式公開をしています。

（6） 優遇税制

ベンチャー企業投資促進税制（エンジェル税制）では、優遇措置A（設立3年未満の企業）か優遇措置B（設立10年未満の企業）のいずれかの優遇措置を投資した年に受けられます。

優遇措置Aは、（投資額－2,000円）をその年の総所得金額等から控除でき、優遇措置Bは、対象企業への投資額全額を、その年の他の株式譲渡益から控除できます。

経済産業省は、2024年まで国内の事業会社又はその国内CVC（コーポレート・ベンチャーキャピタル）が設立10年未満の非上場企業に1億円以上出資した場合に出資額の25％相当を所得控除する「オープンイノベーション所得税制」を設けています。なお、中小企業庁は、オープンイノベーションを「外部の技術やノウハウを活用し、新しい技術開発や新しい製品化・サービス化を実現する」こととしています。

（7） インキュベーション施設

中小企業基盤整備機構では、起業家の育成や、新ビジネスを支援する「インキュベーション」施設を全国で運営しており、常駐するインキュベーション・マネジャーが経営相談、産学連携、ネットワーク構築をサポートしています。

そのほか、市レベルなどでも同様の施設を運営しています。たとえば、（財）仙台市産業

66

振興事業団は、仙台市とパートナーを組み、インキュベーション施設としてフィンランド健康福祉センターを運営しています。常駐するインキュベーション・マネジャーによる健康福祉に関する経営相談をはじめ、産学官連携やネットワーク構築もサポートしています。

8　ビジネスプランの策定

ビジネスプランは、創業者が市場ニーズにあった新製品や新規事業を生み出すための計画を定めて、それを達成する事業概念を明らかにすることで、起業の妥当性を示す文書です。この文書でビジネスの実行可能性を明確にします。その内容は、資金調達計画、マーケティング、企業組織、生産計画、販売計画、人的資源計画などで構成されます。

日本政策金融公庫の「創業計画書」の記載事項は、①創業の動機、②経営者の略歴、③取扱商品・サービス、④取引先・取引関係等、⑤従業員、⑥借り入れの状況、⑦必要な資金と調達方法、⑧事業の見通し、となっています。

ビジネスプランについては、自分で設計するのが主流ですが、ほかの人のビジネスプランを買うこともできます。特許庁は、企業内の業務処理方法にとどまらず、取引形態さらには事業そのもの、情報技術を駆使したビジネス方法に関する特許権を「ビジネス方法の特許」としているので、模倣されたくないビジネスプランは特許を取るのがよいでしょう。

アマール・ビーデは、すべての起業家が答えなければならない質問を次のようにまとめています。これらの質問は、ビジネスプランをつくる際に役立つと思われます。

① 目標を明確にすること、すなわち、「あなたがビジネスから個人的に望んでいるものは何か」、法的組織形態を問う「求められる企業の種類」、「起業に要するリスクと犠牲は何か」、「リスクと犠牲に耐えられるか」に答えなければなりません。

② 戦略策定に関しては、明確な方向性を与えるために「戦略は適切に定義されているか」、望ましい経営成果をもたらすための「その戦略は十分な利益と成長を生み出すことができるか」、企業を長期に維持するための「その戦略は、持続可能か」、正しい成長率を確立するための「成長に対する目標は、保守的すぎか、あるいは積極的すぎであるか」という質問に答えなければなりません。

③ 戦略遂行、すなわち、戦略を遂行するために必要なスキル、知識、価値をもつ従業員という「正しい資源と関係をもっているか」、戦略を遂行するために必要な組織システムの確立で、課業の権限移譲、職務役割の専門化、資金利用可能性の予測と監視、財務記録の維持などが含まれる「組織はどのくらい強いか」、他者に仕事の仕方を教え、望ましい結果を指令し、仕事環境を管理する「自分の役割を果たすことができるか」という質問にも答えなければなりません。

68

無名の会社が数年のうちに市場を席巻して、リーダー的な地位を獲得できた理由をドラッカーは次のように指摘しています。すなわち、「その原因は優れた経営戦略、優れた技術、優れたマーケティング、スリムな生産活動などであったと説明されている。一般的には、30％程度の原価格差に共通することは、新規参入者のコスト上の優位性である。しかしそれらに共通することは、新規参入者のコスト上の優位性である。しかしそれらに共通することは、新規参入者のコスト上の優位性である。[61]」として、コスト管理を不可欠としています。

どうしたら儲かるのか。企業が成功できるかどうかは、有効な手法をみつけるまで、試行錯誤を続けられるかどうかにかかっているとも言えます。また、フランセス・フレイらが「大ざっぱに言って、企業が成長する方法は2つある。1つは、すでに行っていること（あるいはそれと密接に関係がある事業）をもっと大規模に行う方法。もう1つは、これまでとは違うことを行う方法だ[63]」と指摘するように、拡大戦略と新規事業立ち上げの開設及びベンチャービジネスの立ち上げに際しては、さまざまなデータを活用するとよいでしょう。

たとえば、カール・フレイらは、コンピュータに取って代わられる可能性がある702種[64]。その結果、コンピュータに取って代わられる可能性が低い職種には、消防署員の現場管理者、振付師、セールスエンジニア、内科医と外科医、警官と刑事の現場管理者、特殊教育を除く小学校教員などでした。それに対して、最も代替されやす

い職種には、保険業者、時計修理士、貨物取扱代理人、図書館の司書、データ入力作業員、銀行の口座開設者や融資担当者などがあげられました。

また、エリック・ブリニョルフソンらは、産業革命を「第一機械時代」とすると、われわれはいまコンピュータをはじめとするデジタル機械の時代である「第二機械時代」を迎えていると指摘しています。(65)この時代では、機械との共存による競争により技術変化に対応しなければなりません。AIが進化して人間の知能を超える技術的特異点が訪れると言われていますが、彼らによれば、創造性、対人スキル、問題解決に関することは人間のほうが得意だと分析しています。(66)

人間の知的課題をすべて行える機械は、汎用人工知能（AGI）と呼ばれていますが、アンドリュー・スコットらによれば、人と人とのやり取り、ケアと思いやりが必要な活動、マネジメントとリーダーシップ、創造とイノベーションなどは機械に代替されにくいと指摘しています。(67)

こうした時代の到来は、新しいチャンスが生まれていることを意味しますので、積極的に起業することが望ましいでしょう。経済産業省は、ビジネス戦略及びITシステムの迅速で柔軟な転換を行いながら成長していく企業をデジタルエンタープライズと定義し、今後の企業成長に必要な姿であるとしています。(68)

70

9　開業費用

日本政策金融公庫総合研究所の2022年調査[69]では、開業にかかった費用の平均値は1,077万円、中央値は550万円でした。開業時の資金調達額は平均1,274万円で、資金調達先は、「金融機関等からの借入」が平均882万円（平均調達額に占める割合は69・2％）、「自己資金」が平均271万円（同21・3％）となっていて、両者で全体の90・5％を占めます。また、開業費用の分布をみると、「250万円未満」（21・7％）と「250万～500万円未満」（21・4％）で4割以上になっています。どのようなビジネスを始めるかによって必要な資金は異なりますが、こうしたデータは参考になります。

【註】

（1）株式会社ウィズグループ「平成28年度我が国におけるデータ駆動型社会に係る基盤整備（IoT スタートアップ支援に関するグローバル連携調査事業）」（www.metigo.jp＞meti_lib＞report）。

（2）Markus C. Becker, Thorbjørn Knudsen, and Richard Swedberg, eds., *The Entrepreneur: Classic Texts by Joseph A. Schumpeter*, Stanford Business Books, 2011, pp. 4-5.

（3）Robert D. Hisrich and Claudine Kearney, *Corporate Entrepreneurship: How to Create a Thriving Entrepreneurial Spirit throughout Your Company*, The McGraw-Hill Companies, 2012, p. 7.

（4）http://www.strategy-business.com

（5）https://www.bcg.com/ja-jp/press/16april2021-pandemic-separates-readiest-innovators-from-rest-most-innovative-companies

（6）https://www.apple.com/jp/newsroom/2021/04/apple-reports-second-quarter-results/

（7）Chris Anderson, *Makers: The New Industrial Revolution*, Crown Business, 2012, pp. 20-21, pp.82-84 and p.195.（関 美和訳『メイカーズ：21世紀の産業革命が始まる』NHK出版、2012年、31頁、108－110頁及び 251頁）。

（8）https://www.itoen.co.jp/company/business/

（9）Robert Isaak, "The Making of the Ecopreneur", in Michael Schaper, ed., *Making Ecopreneurs: Developing Sustainable Entrepreneurship*, Gower, 2nd ed., 2010, p. 43.

（10）Muhammad Yunus with Karl Weber, *Building Social Business: The New Kind of Capitalism that Serves Humanity's Most Pressing Needs*, Public Affairs, 2010, pp. ix-x.（岡田昌治監修・千葉敏生訳『ソーシャル・ビジネス革命：世界の課題を解決する新たな経済システム』早川書房、2010年、10－11頁）。

（11）Henry Ford, *Today and Tomorrow*, Productivity Press, 1963, p. 172.（竹村健一訳『藁のハンドル』中央公論新社、2002年、164頁）。

（12）https://diamond.jp/ud/authors/58abbd6b6765611bd01b0200

（13）日本経済新聞「目指せソーシャルIPO」2022年2月8日、朝刊。

（14）Mary Anne Harmer and Tom Hering, *Putting Soul into Business: How the Benefit Corporation is Transforming American Business for Good*, Hcollaborative, 2017, p. 42.（河昭三訳『ベネフィット・コーポレーション：さらば株主資本主義』文眞堂、2022年、25頁）。

（15）https://sony-startup-acceleration-program.com/article470.html

（16）Hisrich et al., *op. cit.*, p. 62. 参照。

（17）Yvon Chouinard, *Let My People Go Surfing: The Education of a Reluctant Businessman*, The Penguin Press, 2005,

(18) Linda Gratton and Andrew Scott, *The 100-Year Life: Living and Working in an Age of Longevity*, Bloomsbury Publishing, 2016, pp. 214-215. (池村千秋訳『ライフシフト：100年時代の人生戦略』東洋経済新報社、2016年、240頁)。

(19) David C. McClelland, *The Achieving Society*, The Free Press, 1961, p. 105. (林 保監訳『達成動機』産業能率短期大学出版部、1971年、155頁)。

(20) Scott Galloway, *The Four: The Hidden DNA of Amazon, Apple, Facebook and Google*, Corgi Books, 2017, p. 246. and p. 248. (渡会圭子訳『the four GAFA 四騎士が変えた世界』東洋経済新報社、2018年、404頁)。

(21) *Ibid.*（同上訳書、407頁）。

(22) https://www.imd.org/centers/world-competitiveness-center/rankings/world-competitiveness/

(23) https://gemconsortium.org/file/open?fileId=50900

(24) https://www.chusho.meti.go.jp/pamflet/hakusyo/2022/PDF/chusho/03Hakusyo_part1_chap1_web.pdf

(25) ユニコーンは明らかに存在しないし、それが極端に珍しく魔法のようなものを意味するので、急成長をする企業を意味するのに使われるようになりました（Aileen Lee, "Welcome to The Unicorn Club: Learning from Billion-Dollar Startups", https://techcrunch.com/2013/11/02/welcome-to-the-unicorn-club/）。

(26) https://www.meti.go.jp/policy/newbusiness/debtps/tuika/zentaigaiyoupdf

(27) 2022 Small Business Profiles for the States（sba.gov）

(28) https://www.cas.go.jp/jp/seisaku/seicho/seichosenryakukaigi/dai8/siryou1.pdf

(29) https://www8.cao.go.jp/cstp/moonshot/index.html

(30) Jeffrey L. Bradach, *Franchise Organizations*, Harvard Business School Press, 1998, p. 3.（河野昭三監訳『ハーバードのフランチャイズ組織論』文眞堂、2006年、7頁）。

p. 165.（森 摂訳『社員をサーフィンに行かせよう：パタゴニア創業者の経営論』東洋経済新報社、2007年、216頁）。

(31) https://www.mastercard.com/news/insights/2022/mastercard-index-of-women-entrepreneurs-2021/

(32) 日本経済新聞「イスラエル女性の起業続々」2021年8月9日、朝刊。

(33) https://www.jfc.go.jp/n/findings/pdf/kigyoushiki_230112_1.pdf

(34) Udayan Gupta, *Done Deals: Venture Capitalists Tell their Stories*, Harvard Business School Press, 2000, p. 2.（楡井浩一訳『アメリカを創ったベンチャー・キャピタリスト：夢を支えた35人の軌跡』翔泳社、2002年、14頁）。

(35) *Ibid.*, p. 6.（同上訳書、18－19頁）。

(36) Katz and Green, *op. cit.*, p. 120.

(37) Tony Hsieh, *Delivering Happiness: A Path to Profits, Passion, and Purpose*, Grand Central Publishing, 2010, p. 1 and p. 40.（本条修二監訳『顧客が熱狂するネット靴店ザッポス伝説：アマゾンを震撼させたサービスはいかに生まれたか』ダイヤモンド社、2010年、5頁及び65－66頁）。

(38) https://www.recruit.co.jp/newsroom/pressrelease/assets/20220720_hr_02.pdf

(39) 2019年 デロイト ミレニアル世代の意識調査 （https://www2.deloitte.com/jp/ja/pages/about-deloitte/articles/news-releases/nr20190528.html）。

(40) これは、「会社のたたみやすさ」に対して「キャリアのたたみやすさ」と指摘されています（入山章栄『ビジネススクールでは学べない世界最先端の経営学』日経BP社、2015年、255－261頁）。

(41) 南場智子『不格好経営：チームDeNAの挑戦』日本経済新聞出版社、2013年、232頁。

(42) https://www.soumu.go.jp/main_sosiki/joho_tsusin/telework/18028_01.html

(43) https://www.chusho.meti.go.jp/pamflet/hakusyo/h23/h23/html/k31300.html

(44) Walter Isaacson, *Steve Jobs*, Simon & Schuster, 2011, pp. 92-101.（井口耕二訳『スティーブ・ジョブズ（I）』講談社、2011年、161－171頁）

(45) http://www.toshiba.co.jp

(46) 盛田昭夫・下村満子・E・ラインゴールド『MADE IN JAPAN：わが体験的国際戦略』朝日文庫、1990年、144－145頁。

74

(47) Jeffrey S. Young and William L. Simon, *iCon Steve Jobs, The Greatest Second Act in the History of Business*, John Wiley & Sons, Inc. 2005, p. 262（井口耕二訳『スティーブ・ジョブズ：偶像復活』東洋経済新報社、2005年、400頁）。

(48) 本田宗一郎『本田宗一郎 夢を力に：私の履歴書』日本経済新聞出版社、2001年、65頁。

(49) Colin Wren and David Storey, "Evaluating the Effect of Soft Business Support upon Small Firm Performance", in David Smallbone, ed. *Entrepreneurship and Public Policy*, Edward Elgar Publishing Limited, 2010, pp. 283-314.

(50) 多くの会社が外部コンサルタントを使う目的は、他の会社が使っている「ベストプラクティス」を採用するためです（Robert I. Sutton, *Weird Ideas That Work: How to Build a Creative Company*, Free Press, 2002, p. 73. （米倉誠一郎訳『なぜ、この人は次々と「いいアイデア」が出せるのか』三笠書房、2002年、98頁））。

(51) https://www.kanto.meti.go.jp/press/20201124accelerator_challenge_press.html

(52) https://sbir.smrj.go.jp/about/develop.html

(53) 日本経済新聞「「魔の川」に消える起業の種」2022年1月31日、朝刊。

(54) Joseph F. Coughlin, *The Longevity Economy: Unlocking the World's Fastest-Growing, Most Misunderstood Market*, Public Affairs, 2017, pp. 130-131. （依田光江訳『人生100年時代の経済：急成長する高齢化市場を読み解く』NTT出版、2019年、152頁）。

(55) 日本経済新聞「インドネシアで「P2P金融」急成長」2019年8月25日、朝刊。

(56) https://www.kantei.go.jp/jp/singi/keizaisaisei/pdf/underlyinglaw/sandboximage.pdf

(57) Robert I. Sutton, *op. cit.* p. 48.（前掲訳書、75頁）。

(58) 日本経済新聞「新株予約権で大学の知財取得」2019年、5月20日、朝刊。

(59) https://www.chusho.meti.go.jp/pamflet/hakusyo/2020/chusho/b2_1_6.html

(60) Amar Bhidé, "The Questions Every Entrepreneur Must Answer", in Harvard Business School Publishing Corporation, 2011, pp. 35-64.

(61) Peter F. Drucker, "The Information Executive Truly Need", *Harvard Business Review*, January-February

(62) 1995, p. 57.（ＤＩＡＭＯＮＤ ハーバード・ビジネス・レビュー編集部訳「意思決定に必要な情報とは何か」Harvard Business Review 編『業績評価マネジメント』ダイヤモンド社、2001年、22頁）。

(63) Clayton M. Christensen, James Allworth, and Karen Dillon, *How will You Measure Your Life?*, HarperCollins Publishers, 2012, p. 60.（櫻井祐子訳『イノベーション・オブ・ライフ：ハーバード・ビジネススクールを巣立つ君たちへ』翔泳社、2012年、67頁）。

(64) Frances Frei and Anne Morriss, *Uncommon Service: How to Win by Customers at the Core of Your Business*, Harvard Business Review Press, 2012, p. 187.（池村千秋訳『ハーバード・ビジネススクールが教える顧客サービス戦略』日経BP社、2013年、246頁）。

(65) Carl Benedikt Frey and Michael A. Osborne, "The Future of Employment: How Susceptible are Jobs to Computerization ?", September 17, 2013.（http://www.oxfordmartin.ox.ac.uk/downloads/academic/The_Future_of_Employment.pdf）.

(66) Erik Brynjolfsson and Andrew McAfee, *The Second Machine Age: Work, Progress, and Prosperity in a Time of Brilliant Technologies*, W. W. Norton & Company, 2014.（村井章子訳『ザ・セカンド・マシン・エイジ』日経BP社、2015年）。

(67) Amy Bernstein and Anand Raman, "The Great Decoupling: An Interview with Erik Brynjolfsson and Andrew McAfee", *Harvard Business Review*, June 2015, pp. 66-74.（ＤＡＩＡＭＯＮＤハーバード・ビジネス・レビュー編集部編訳「機械は我々を幸福にするのか」『人工知能』ダイヤモンド社、2016年、191-213頁）。

(68) Andrew J. Scott and Linda Gratton, *The New Long Life: A Framework for Flourishing in a Changing World*, Bloomsbury Publishing, 2020, p.18 and p. 28.（池村千秋訳『ライフ・シフト2：100年時代の行動戦略』東洋経済新報社、2021年、27頁及び98頁）。

(69) 20201228004-5.pdf（https://www.jfc.go.jp/n/findings/pdf/kaigyo_221130_1.pdf
https://www.meti.go.jp/press/2020/12/20201228004/20201228004-5.pdf）。

76

第5章 マーケティング

1 市場とは何か

　マーケティングは、市場を理解することから始まります。市場は、交換のための制度であり、顧客の集合を意味します。市場を活気あり、効率的にするためには、多くの顧客が必要になります。ノーベル経済学賞を受けたアルビン・ロスは「マーケットプレイスがうまく機能するためにまず何より必要なのは、取引を希望する参加者を大勢集めて、彼らが最高の取引を探しあてられるようにすることだ(1)」と述べています。

　ビジネスチャンスを探し、「市場が求めている」、「消費者が求めている」、「顧客が求めている」ものやサービスを探して、つくり出し、提供するために起業は行われます。起業するにあたって最初に行うことの1つは、人の欲求や具体的なニーズを満たすビジネスチャンスをみつけて、それをいつ、どこで提供するかを見極めることです。まだ開拓されていない領域やまだ需要が満たされていない市場は「ホワイトスペース(2)」と呼ばれます。

77

起業をする場合、どこで競争するかも重要な点です。たとえば、インターネット上の仮想市場でするのか、新商品で新市場を開拓するのかなどです。インターネット上では、仮想商店街（バーチャルモール）と呼ばれる外部の事業者に手数料を払って出店する方法があります。

電子商取引（EC）サイトで営業する独立系小売業者は、自社で展開するので手数料などの費用もなく、店舗をもつ、もたないにかかわらず参入できる市場となっています。これらの市場を拡大しているのは、メタとユニバースを組み合わせたメタバースと呼ばれる技術で、仮想現実（VR）や拡張現実（AR）を用いた3次元の仮想商店街の展開やコミュニケーションを行えます。

こうした技術は、メタのCEOマーク・ザッカーバーグによれば「誰かと一緒にいるという感覚をもつのに役立つ(3)」と指摘されています。さらに、Eコマースは、クリックから「アレクサ」を代表とする会話の時代に入り、「ゼロクリックコマース」の時代に突入しました(4)。

競争相手が少ないほうがよい市場もあれば、秋葉原や原宿のように同じ種類の店が集まっていたほうがよい場合もあります。将来性のある市場として、南アジアや中南米などの今後人口増加が見込まれている地域が注目されています。こうした競争相手がいない市場に参入する方法は、ブルー・オーシャン戦略と呼ばれます。サムスンは、当時日本企業がその市場のニーズの低さ故に重視していなかった途上国のテレビ市場に積極的に参入したことをきっかけとして、2022年まで16年連続でテレビ市場において世界一を手に入れました(5)。

78

競争に直面することで進化し業績を改善できるとする赤の女王論もあります。『鏡の国のアリス』に登場する赤の女王は、鏡の国では「同じ場所にとどまるためには、思いっきり走らなければならないの⑥」と述べ、変化に適応する必要性を指摘します。赤の女王論は、組織が学習により競争圧力に適応することにより回復力（レジリエンス）を高めることができる反面、ライバルも適応してより強い競争相手となってしまうことがあると指摘しています⑦。

海外市場に関しては、経済産業省の「海外事業活動基本調査結果概要」によれば2021年調査における現地法人数は、2万5,703社（製造業が1万1,070社、非製造業が1万4,633社）となっています。マブチモーターのように、「世界中どこよりも安いところでつくる」というスローガンのもと、100％海外生産をしている会社もあります⑧。

近年、娯楽や情報収集のため印刷物、ラジオ、テレビだけでなく、パソコンも使う人が減ってきたそうです。それらに代わりスマートフォンが使われています。ネットで買い物をする場合でさえ最初はスマートフォンで検索する人が多いのです。そこで登場したのがモバイル・マーケティングです。モバイルプラットホームは、適切な時間に、適切な場所の適切な店で、適切な製品に対して、消費者一人ひとりに適切な動機（インセンティブ）を提供できるように、状況（コンテクスト）に合わせて即座にターゲティング（標的市場の決定）を行うことができます⑨。これによって、電子商取引（オンライン）と実店舗（オフライン）のどちらで購入するのが望ましいかを瞬時に知らせることになるので、この2つの世界は縮まると予想されています。オンラインで検索して店舗で購入するこ

とはウェブルーミング、店舗でみてオンラインで購入することはショールーミングと呼ばれます。

2 マーケティングの必要性

18世紀後半にイギリスで第一次産業革命が起こってから、地球上で製品が大量に生産されるようになりました。それに拍車をかけたのがフォード社を代表する「大量生産システム」でした。ただし、1929年にはじまる世界恐慌以前は、商品をつくれば、さほど努力しなくても売れる時代でした。ところが、モノが世界にあふれるにつれて、人々が望むものだけが売れる時代が到来したのです。この、生産重視から市場重視の戦略がマーケティングでした。

1960年代になって、フィリップ・コトラーによって最初のマーケティングの教科書が書かれました。⑩このテキストの登場で、ジェローム・マッカーシーが提案した4Pの考え方が普及しました。⑪4Pとは、どのような製品やサービスをつくるべきかなどの「製品」、「価格」をどうするか、製品やサービスをどのように「流通」させるのか、そうしたサービスや製品を知ってもらうための「プロモーション」の最適組み合わせを求める手法です。

その後すべてのモノに当てはまるわけではないのですが、製品が世界中に溢れてきたた

め、つくれば売れる時代が終焉しました。また技術だけでなく、その価値を伝える重要さから、「第二次世界大戦後、大企業の社長は営業出身者とマーケティング出身者で占められるようになった」のでした。

こうして「マーケティング」という用語が「営業」に取って代わり、顧客との良好な関係を築き維持する活動として認識されるに従い、マーケティングは最も重視されるマネジメント領域になり、その理想は組織全体がマーケティング志向をもつこととされました。

マーケティングとは、初めから売れる商品やサービスをつくって市場に提供する活動です。売れるかどうかわからないものを提供するのではなく、消費者が求めているものを探し、それを生み出して販売する活動です。マーケティングの目的は、販売を不要とすることと言ってもよいでしょう。企業の視点でモノやサービスを独断的につくって提供することをプロダクトアウトと言い、消費者の立場から求められているモノやサービスを提供することをマーケットインと呼びます。マーケットインが欠かせない時代になりました。

アメリカマーケティング協会（AMA）は、マーケティングを「顧客、クライアント（依頼人、得意先）、パートナー及び社会全般のために価値ある提供品をつくり出し、伝達し、配達し、交換するための活動、一連の制度及びプロセスである」と定義しています。

ピーター・ドラッカーが、企業の目的は、「顧客の創造」であるとしたのは有名です。またドラッカーは、企業家的機能は、マーケティングのイノベーションであると位置づけ、

マーケティングの目標として「顧客というものをよく理解し、製品やサービスを顧客に合わせ、おのずから売れるようにしてしまうことである」と述べています。

市場に新たな製品やサービスをつくり出して提供することは、とても難しいことです。約90％の新製品は失敗したという報告もあります。何が成功するかわからないというのが事実でしょう。1963年に米RCA社のディック・ウイリアムズは、液晶に電気的刺激を与えると光の通し方が変わることを発見しましたが、それを世界で初めて電卓の表示として商用化したのはシャープです。新しい技術の製品化という製品企画力が問われます。新製品を開発して市場に出す際には必ず、特許が取得済みかなどの調査も必要です。特許を含めた産業財産権を扱う国家資格をもつ弁理士を活用することも一案です。

市場でビジネスを行う場合、既存製品なのか、新製品で商売するのか、既存市場なのか海外などの新市場なのかなど、さまざまな組み合わせと選択肢があります。新製品開発によって市場に参入する市場創造には、研究開発のヒントとなるアイデアである種、ニーズ、ウォンツなどを考慮する必要があります。また、製品やサービスの寿命を意味する製品ライフサイクルに合わせて市場に参入することも大切です。

新製品開発問題に答える方法の1つは、市場において近い将来一般化するニーズを先回りして示すリード・ユーザーと呼ばれる人をみつけることです。彼らは、マーケティング・リサーチのニーズ予測に役立つばかりか新しい製品の概念やデザイン・データを提供してくれ

82

もう1つの方法は、IoTへの関与を高めることです。マサチューセッツ工科大学の研究では、企業のIoTへのコミットメント度合いと新製品や新サービスの新規事業が創出する売上高が強い相関関係があることを示しました[20]。

新製品ではなく、既存製品を拡大販売するビジネスもあります。新しいものだけでなく古いものにも需要があります。たとえば、音楽のダウンロード数でみると、今年のヒット曲は大きいのですが、昔の曲もずっと売れていて0にはなりません。これをグラフにすると右下がりのロングテールになります。このロングテールを備えているネットフリックスやアマゾンは、店舗型小売業者が提供しない商品の販売で総収入のおよそ4分の1から2分の1を得ているのです。テール部分を集積するサービスは、アグリゲーターと呼ばれその代表はアマゾンです。

既存サービスで「いいね」や常習的利用者(アクティブ・ユーザー)を獲得する方法として、ピーク・エンドの法則を使う手法があります。ノーベル経済学賞を受賞したダニエル・カーネマンは、記憶に基づく評価は、持続時間とは無関係であること、ピーク時と終了時の2つの瞬間の重みが他の瞬間よりはるかに大きいというピーク・エンドの法則をみつけました[22]。サービスは、快楽が最も強い瞬間と最後のサービスで評価されます。

また、インターネットを介して物やサービスなどを共有するシェアリングエコノミーと呼びます[19]。

ばれる現象が消費行動を所有から使用へと変化させています。その結果、ネットフリックスをはじめ多くの企業は、サブスクリプションと呼ばれる一定の金額でほぼ無制限に利用できる定額制を導入するようになっています。

市場は、商品やサービスだけでなく、タレント・資金・情報なども調達する場です。起業は、市場からいろいろなものをみつけ出して自分のやりたいことを実現することです。そうした意味で、会社を設立するためには、市場のマネジメントであるマーケティングの知識が不可欠です。日本政策金融公庫総合研究所の調査でも新規開業後に一番苦労している点は「顧客開拓・マーケティングがうまくいかない」になっています。[23]

3 製品マネジメント

マーケティングを駆使しても、すべてのものが売れるわけではありません。たとえば、フォードの元社長リー・アイアコッカは、「われわれの力をもってしても、消費者が買いたくないものを売ることはできないのである」[24]と述べています。

今日のように、マーケティングの技術が発達した状況でも、売れないものは売れません。大事なことは、マーケティングの4Pのうち、製品自体が高く評価されるようになったことです。たとえば、グーグルでも、この状況を次のように捉えています。[25]

「こうした激変の結果、いまや企業の成功に最も重要な要素は製品の優位性になった。情報の管理能力でも、流通チャネルの支配力でも、圧倒的なマーケティング力でもない。根拠はいくつかある。まず、消費者はかつてないほど多くの情報と選択肢を手にした。かつては圧倒的なマーケティング力や販売力があれば、お粗末な製品でも市場の勝者になれた」。

すなわち、これほど情報があふれ、魅力的な選択肢がたくさんある状況では、いくら歴史やマーケティング予算があっても質の悪い製品に勝ち目はないのです。たとえば、iグーグルなどは、最高の製品ではなかったために、当然の報いとして消え去ったと自評されています。

アマゾンの元CEOジェフ・ベゾスも「古い世界ではもてる時間の30％を優れた製品の開発に、70％をそれがどれほどすばらしい製品か吹聴してまわるのに充てていた。それが新たな世界では逆転した[26]」と指摘しています。

よい製品を提供しなければ、市場から消えていかなければなりません。よい製品は、ほかの製品と区別されなければなりません。そのためにはブランド力をつけなければなりません。

ブランドとは、「企業が自己の商品やサービスを競合他社のものと区別するために文字、図形、記号、色彩などを組み合わせたもの」です。ブランドにはいろいろな種類があり、たとえば企業ブランド（コーポレート）は、他社との区別をするための企業名自体のことです。商品レベルの信

用である商品ブランドは、わが国では「銘柄」に相当し、次もこのブランドにしようとする消費者のブランド忠誠心（ロィャルティ）を確保するためにも必要なものです。なお、企業そのものの信用を暖簾と言います。顧客の好意は、企業にとっての財産だからです。東日本大震災で被災し、工場も機械も人的資源さえも失った企業が復活できたのは、暖簾のおかげです。

ブランドは、企業ばかりでなく消費者にも利益を与えます。たとえば、消費者が製品を購入するとき、有名ブランドは選択基準になります。ブランドの構成要素となる商品やサービスの特徴は、「商標登録願」を作成して特許庁長官に提出する必要があります。商標法では、「商標」を、「人の知覚によって認識することができるもののうち、文字、図形、記号、立体的形状もしくは色彩又はこれらの結合、音その他政令で定めるもの」と定義していて、次のものが含まれます。(27)

これには、①SONYなど、文字のみからなる商標である「文字商標」、②クロネコヤマトの猫など、写実的なものから図案化したものである「図形商標」、③住友の井桁マークのように、暖簾記号、文字を図案化し組み合わせた記号、記号的な紋章である「記号商標」、④不二家のペコちゃんのように、立体的形状からなる「立体商標」、⑤花王のように、異なる意味合いをもつ文字と文字を組み合わせた商標や、文字、図形、記号、立体的形状の2つ以上を組み合わせた「結合商標」、⑥テレビやコンピュータ画面等に映し出されて変化する文字や図形等のように、文字や図形等が時間の経過に伴って変化する「動き商標」、⑦文字

や図形等がホログラフィーその他の方法により変化する「ホログラム商標」、⑧単色又は複数の色彩の組み合わせのみからなる商標（これまでの図形等に色彩が付されたものではない商標）であって、輪郭なく使用できる「色彩のみからなる商標」、⑨音楽、音声、自然音等からなる商標であり、聴覚で認識される商標である「音商標」、⑩ゲームのコントローラーなど、図形等を商品等に付す位置が特定される「位置商標」があります。(28)

マーケティングでは、商標は次のように分類されます。

① ブランド・ネーム

会社を立ち上げるときに、最も慎重に決めなければならないのがこれです。ブランド名には、商品やサービスの個別ブランドばかりでなく、企業ブランド、事業ごとの事業ブランドなどを決めなければなりません。商品やサービスについては、シンプルで、発音やつづりが容易なことや、親しみやすく意味のあること、差別的で、特色があり、ありふれていないことなどに注意しなければなりません。

② ロゴとシンボル

ロゴとシンボルは、視覚に訴えるもので、これらを用いれば認識されやすくなります。ロゴは、社名や商品名などを図案化したものでシンボルとも呼ばれています。ロゴは、より現

代的な外観にするため、変更可能ですが、固有の視覚上の優位性を失わないようにしなければなりません。たとえば、スターバックスのロゴは１９７１年からかなり変更されています。

③　キャラクター

キャラクターは、架空もしくは実在の人物などを型取った一種のブランド・シンボルです。例として、マクドナルドのドナルド・マクドナルドや仙台・宮城観光ＰＲキャラクターのむすび丸などがあります。

④　スローガン

スローガンは、ブランドに関する記述的情報あるいは説得的情報を伝達する短いフレーズです。これによって差別化を図ろうとする場合もあります。一般的には、広告やパッケージなどに書かれています。「お、ねだん以上。ニトリ」などが例となります。

⑤　ジングル

ジングルは、ブランドに関する音楽によるメッセージです。日立の「この木何の木」などが例となります。多くの場合、リスナーの心に長期間記憶されるような非常に覚えやすいフ

レーズとリズムでつくられています。

⑥ パッケージング

パッケージングは、製品の容器あるいは包装をデザインし、制作する活動を意味します。たとえば、練り歯磨き、ソフトドリンク、ガムなどの容器や包装はすべてこの対象になります。したがって、パッケージングには、ブランドの識別、記述的及び説得的情報の伝達、家庭内保管の容易化、製品消費の簡便化が求められます。

以上の他に「カラー」がブランド構成に含まれる場合があります。たとえば、エルメスのオレンジやコカ・コーラの赤などです。

ブランド構築に必要なもう1つのことは、ポジショニングを明らかにすることです。一般的に、マーケティングの手順として、性別、学歴別、地域別などで市場を分割する市場細分化(セグメンテーション)を最初に行います。その後、どの市場で勝負するかという標的市場(ターゲティング)の決定を行います。かつては、年齢、職業、性別などで対象を決めるデモグラフィック・ターゲティングや気に入ったものが同じ人を対象とするソーシャル・ターゲティングが基本でしたが、今日ではある人の行動を追跡して行う行動ターゲティングが主流になっています。(29)その後、市場における競合ブランドに対する位置決め(ポジショニング)を行います。たとえば、スターバックスのように

「20〜30代の女性に自宅や職場ではない心地よい第3の居場所（サードプレイス）を提供する」ことにより、安くて早いコンビニコーヒーとは別のポジションをとるなどです。ポジショニングを行う際には、どの企業が競争相手になるかを調べて、消費者に自社の位置を示さなければなりません。

以上のSTP（セグメンテーション、ターゲティング、ポジショニング）は、マーケティング2.0と呼ばれ、4P（製品、流通、価格、プロモーション）は、マーケティング1.0、そして、社会の満足や幸福を目指すネットワークと共創のマーケティングは、マーケティング3.0と称されます。

4 価 格

単一価格が成立したのはそれほど昔のことではありません。19世紀末の大規模小売業の発達により、販売品目数と従業員数の拡大によってそれは出現したと言われています。

価格設定の際考慮しなければならないのは、費用、需要、企業間競争です。費用については、損益分岐点分析や投資収益率などのツールを活用することが望まれます。需要の分析に

は、市場調査を、企業間競争に勝利するには戦略策定が必要です。

傾聴に値する理論として、クレイトン・クリステンセンの「破壊的イノベーションの理論」があります。破壊的イノベーションは、新しい価値提案を実現するもので、1つは新し

90

い市場を生み出す新市場型です。もう1つは、既存市場を大きく変えるローエンド型と呼ばれるものです。このローエンド型の破壊的イノベーションが起こるのは、既存顧客が使いこなせる価値に比べて、製品・サービスが「性能過剰」になり、したがって高価になりすぎたときです。

既存企業は、持続的イノベーションの戦いでは、新規参入企業に勝つ可能性は高いのですが、破壊的イノベーションで攻撃をしかけてくる企業には、ほぼ必ず負けると言われています。[31] すなわち、モノやサービスに過剰満足な状態が生じると、市場の最下層をターゲットとするローエンド型の製品やサービスが登場し、その製品が最上層をターゲットするハイエンド型の企業を破壊するのです。たとえば、パリのオートクチュールではなく、ザラの服で十分ということになります。添乗員が付き添う海外旅行ではなく、主力商品を飛行機とホテルだけのパッケージに絞ったパッケージで十分ということになります。

このローエンド型破壊的イノベーションには、より便利な製品の市場投入も含まれるものの、大半が価格の安さを売り物にしているのです。ほとんどの顧客は「安さ」を求めているという調査結果もあります。

安くても利益を得るためには、製造コストより高い値段で商品を売る必要があります。これは、「赤」のビジネスモデルと呼ばれ、アップルが代表です。それに対して、商品を無料もしくは原価以下で売り、他の企業に利用者の行動データを有料で提供するモデルは、「青」[32]のビジネスモデルと呼ばれ、グーグルが代表です。ただでも儲けることができるのです。

5 プレース

プレースは、流通を指す場合が一般的です。すなわち、工場で生産された製品が消費者に至るまでの経路のことを流通チャネルと言いますが、アマゾンにみられるように、流通の方法は、ビジネスに大きな影響を及ぼします。また、原材料調達から生産、販売に至るまでの物流の合理化手段であるロジスティクスを専業とする業界では、流通の方法が最大関心事になります。

ここでは、事務所などの立地、店舗及びオフィスについて述べておきます。プレースとして最初に考察しなければならないのは、実店舗で商取引をするのか、インターネット上の仮想市場（この市場のみで営業する企業は「ドットコム企業」などと呼ばれます）で事業を展開するのか、それともその両方のクリック・アンド・モルタルで行うのかを決定しなければなりません。

モルタルの立地選定に関してもいろいろな注意を払わなければなりません。たとえば、ケンタッキー・フライドチキンの創設者カーネル・サンダースが経営する「サンダース・コート＆カフェ」前の道路が町の西側に11キロも移転したため、廃業に追いやられたことは有名です。(33)

92

フィリップ・コトラーらは、新事務所の立地選択に際して以下のような考慮すべき事柄を指摘しています。(34)

（1）競合他社の事務所の立地
（2）病院、裁判所、大学、図書館といった頻繁に利用する施設への近さ
（3）銀行やコンサルティング会社、法律事務所、会計事務所、研究所、保険会社などの「支援組織」への近さ
（4）レストランやクラブなどの接待する場所への近さ
（5）事務所賃貸料、公共料金、セキュリティ費用、駐車場代、保守整備費などのコスト
（6）人口、不動産価格、購買パターンなどの今後の動向
（7）立地候補の拡張や撤退が容易かなどの柔軟性
（8）道路網や地域区分からみた商圏の重複

これら以外に検討すべき事柄があります。1つは、場所の「安全性」です。たとえば、地震やその他の自然災害が少ないなどの点を検討しなければなりません。もちろん、海外では、テロや病気などに罹患する恐れが少ない場所が重視されます。そのほか、障がい者ばかりでなく、高齢者にとっても安全で優しい街であることが望まれます。そのため、街のバリ

アフリーとオフィスのバリアフリーが一体となっていなければ優しい場所とは言えません。

第二は、場所の「ブランド性」です。一例として、東京の銀座や大阪の梅田のような場所のブランド性があげられます。海外では、ニューヨークやパリに拠点を構えることが、ブランド力をつけることになるでしょう。鉄鋼王アンドリュー・カーネギーは、本社をピッツバーグからニューヨークに移しましたが、そのとき「アメリカではニューヨークはあらゆることの中心で、ロンドンが英国にとって重要なのと同じであった。アメリカの重要企業はみんな本社をニューヨークにおいていた[35]」とその理由を述べています。

第三は、場所の「安さと人材確保の容易さ」です。これはコトラーの指摘する事務所賃貸料や公共料金などの低さばかりでなく、人材が同時に確保できる場所が望ましいことを意味します。今日では、地方でも高速ネット回線が普及し、大都市と同様の条件で格安に事務所開設が可能になりました。ビルディンググループによれば、2022年9月の推定成約賃料は、福岡で16,138円、札幌で13,333円となっていて、東京の21,243円に比べるとかなり安くなっています[36]。

第四は、場所の「費用対効果」です。これは、極論すれば、どれだけお金をかけても、それ以上の利益を得ればよいということです。そのために、スターバックスでは、企業拡大とブランド確立のために、出店場所を好ましい他の小売業が近くにある、人通りが多く目立つ場所を借りる、ブランドのイメージを大切にしたデザイン、高品質でありながらコスト効率

のよい建設、慎重な資産管理を柱にしています。

コンビニエンスストアを展開する場合は、同じ店舗の立地が競合しないように考慮しなければなりません。しかし、出店場所を集中すると、コストを下げると同時に短時間での配送などの店舗ニーズに速やかに応じることができます。セブン‐イレブンは「ドミナント出店戦略」を採ってきました。この戦略は、限定地域への集中出店であり、このことによって専用工場及び配送センター当たりのカバー店舗数が多くなり、物流面においても短い時間距離での配送車の移動ですむというメリットを生みだしたのです。今では日本セブン‐イレブンの100%子会社になった、アメリカのセブン‐イレブンの本部企業「サウスランド‐イレブン社」を再建する際にも、店舗の増改築(38)と並行して、不採算部門をクローズするときドミナントを強化するやり方でテコ入れしました。

ほとんどの企業では、オフィススペースは給与と各種手当に次いで支出の大きい部分を占めます。このことについてトム・ケリーは、「競争力ある企業はどこも、一流の才能にはそれに見合う高い給与を支払わなければならないことを知っている。その才能あふれる人たちが仕事をするスペースをつくり出すことに同じだけの注意を払うのは当然ではないだろうか。アスリートには適切な施設が必要だ。働く人間も同じである(39)」と述べて、よいオフィスの必要性を強調しています。

費用対効果を高める方法として、昼間と夜という時間帯別に別の仕事をする二毛作立地と

いう方法があります。大学は、昼間は昼間主、夜は夜間主の授業をすることで、夜休んでいるプレースを活用しています。また、大学は、夜間も昼間と同じ人的資源とブランドを使えるなどのメリットがあります。

同じ店を曜日によって異なる店名で営業する例もみられます。富山の置き薬や「オフィスグリコ」、森永コンビニBOXなどのオフィス内立地も有効です。さらに、ケンタッキー・フライドチキンのカーネル・サンダースが行ったガソリンスタンドと「サンダース・カフェ」の同時営業やレンタルビデオと書店を展開するTSUTAYAのように、いくつかの事業を同時に営むことによってもたらされる相乗効果を求める複合立地も効果があります。

第五は、「交通の利便性」です。豪華客船が停泊できる港、観光地に近接した駅、飛行場が近いなど、交通インフラが整備されていることが望まれます。衣料品のザラを展開するインデックス社にとって、ア・コルーニャ空港は製品をスペインから世界に輸送するのに欠かせません。また、駅ナカ立地と呼ばれる駅と一体化しているスペース、道ナカ立地という高速道路のパーキングエリア、空ナカ立地と呼ばれる飛行場などが注目されます。

第六は、「規制の特例措置」です。本来事業化が不可能な地域でそれを可能にすることを定めた法は、「構造改革特別区域法」ですが、この法律において「構造改革特別区域」とは、地方公共団体が当該地域の活性化を図るために自発的に設定する区域であって、地域の特性に応じた事業を実施し又はその実施を促進するものを指します。2022年では、累計は、

96

1、382件の事業が認定されています[40]。

こうした「特区」と呼ばれている地域は、これだけではありません。たとえば、国連貿易開発会議（UNCTAD）は、7,000を超える経済特区スペシャルエコノミックゾーン（SEZ）を代表するグローバル、地域及び国の7つの協会と提携しています。このSEZは、地理的に区切られた地域であり、政府が財政及び規制上の呼び水とインフラ支援を通じて産業活動を促進している地理的に限定された地域です[41]。

6　プロモーション

よい製品やサービスをつくっただけでは、売れません。それを人々に知ってもらわなければなりません。そのための活動は、プロモーションと呼ばれます。プロモーションには、広告、セールス・プロモーション、人的販売、パブリシティがあります。このうち、広告は、企業が資金を出して行う情報伝達で、知らせる、説得する、思い出させる、という三機能を果たします。セールス・プロモーションは、実演やダイレクトメールなどの販売促進です。人的販売は、販売員が顧客に製品やサービスを提示して販売する活動です。パブリシティは、テレビ、ラジオ、新聞などが自社のサービスや製品を紹介してもらうことにより、コストをかけず広告効果を得るものです。これらは組み合わせることが多く、それをプロモー

ション・ミックスと呼びます。

近年、事業に役立つ知見を導出するためのデータであるビックデータとAIによって世界中のすべての店と客の買い物パターンを追跡して分析できるようになったため、その分析結果を即座に割引、在庫の変更、店のレイアウトなどに反映できるようになりました。[42]

プロモーション予算はどのくらい必要かについては、①支出可能予算決定法（支出できる金額を予算とする方法）、②売上高比率法（売上高の一定比率を予算とする）、③競争同化法（競争他社の支出に合わせる）、④目標・課業管理法（目標達成に必要な課業に要するコストを用いる）などがあります。[43]

【註】

（1） Alvin E. Roth, *Who Gets What - and Why: The New Economics of Matchmaking and Market Design*, Mariner Books, 2015, p. 8.（櫻井祐子訳『フー・ゲッツ・ホワット：マッチメイキングとマーケットデザインの新しい経済学』日本経済新聞出版社、2016年、16頁）。

（2） Mark W. Johnson, *Seizing the White Space: Business Model Innovation for Growth and Renewal*, Harvard Business Press, 2010, p. 7.（池村千秋訳『ホワイトスペース戦略：ビジネスモデルの＜空白＞をねらえ』東急コミュニケーションズ、2011年、28頁）。

（3） 日本経済新聞「ネット企業の文化修正：ザッカーバーグ氏に聞く」2019年9月26日、朝刊。

（4） Paul R. Daugherty and H. James Wilson, *Human + Machine: Reimaging Work in the Age of AI*, Harvard

(5) Business Review Press, 2018, p. 95. (保科学世監修・小林啓倫訳『人間＋マシン：AI時代の8つの融合スキル』東洋経済新報社、2018年、131頁)。

(6) https://response.jp/release/kyodonews_kaigai/20220830/98208.html

(7) Lewis Carroll, *Through the Looking Glass (And What Alice Found There) Annotated*, Independently published, 2021, p. 23. (河合祥一郎訳『鏡の国のアリス』KADOKAWA、2010年、48頁)。

(8) William P. Barnett and Morten T. Hansen, "The Red Queen in Organizational Evolution," *Strategic Management Journal*, Vol. 17, 1996, pp. 139-157.

(9) 日経ビジネス編『1ドル80円工場：空洞化を超えるモノ作りの現場から』日本経済新聞社、1995年、2頁。

(10) Anindya Ghose, *TAP: Unlocking the Mobile Economy*, MIT Press, 2017, p. 41. (加藤満里子訳『タップ：スマホで買ってしまう9つの理由』日経BP社、2018年、71頁)。

(11) Laura Mazur and Louella Miles, *Conversation with Marketing Masters*, John Wiley & Sons, Ltd, 1988, p. 8. (木村達也監訳・早稲田大学商学学術院木村研究室訳『マーケティングを作った人々』東洋経済新報社、2008年、282頁)。

(12) E. Jerome McCarthy, *Basic Marketing: A Managerial Approach*, Richard D. Irwin, Inc, 10th edition, 1990, pp. 38-40.

(13) Jeffrey Pfeffer, *The Human Equation: Building Profits by Putting People First*, Harvard Business School Press, 1998, p. 137. (守島基博監修・佐藤洋一訳『人材を活かす企業：「人材」と「利益」の方程式』翔泳社、2010年、112頁)。

(14) 恩蔵直人『マーケティング・第2版』日本経済新聞出版社、2019年、20－24頁。

(15) 同上書、16頁。

(16) http://www.Marketingpower.com

(17) Peter F. Drucker, *Management: Tasks-Responsibilities-Practices*, Harper & Row, Publishers, Inc, 1974, p.61

(17) Lloyd L. Byars and Leslie W. Rue, *Human Resource Management*, 10th ed. McGraw-Hill Irwin, 2011, p. 13.

(18) http://www.sharp.co.jp

(19) Eric Von Hippel, "Lead Users: A Source of Product Concept", *Management Science*, Vol. 32, No. 7, July 1986, pp. 971-805.

(20) Peter Weill and Stephen L. Woerner, *What's Your Digital Business Model ?: Six Questions to Help You the Next-Generation Enterprise*, Harvard Business Review Press, 2018, p. 114. (野村総合研究所システムコンサルティング事業本部訳『デジタル・ビジネスモデル：次世代企業になるための6つの問い』日本経済新聞出版社、2018年、165頁)。

(21) Chris Anderson, *The Long Tail: Why the Future of Business Is Selling Less of More*, Hyperion, p. 24. (篠森ゆりこ訳『ロングテール：「売れない商品」を宝の山に変える新戦略』早川書房、2006年、36頁)。

(22) Daniel Kahneman, *Thinking, Fast and Slow*, Farrar, Straus and Giroux, 2011, p. 380. (村井章子訳『ファースト&スロー・下』早川書房、2014年、295−296頁)。

(23) 日本政策金融公庫総合研究所編・深沼光・藤田一郎著、前掲書、30頁。

(24) Lee Iacocca with William Novak, *Iacocca: An Autobiography*, Bantam Books, 1984, p. 66. (徳岡孝夫訳『アイアコッカ：わが闘魂の経営』ダイヤモンド社、1985年、81 − 82頁)。

(25) Eric Schmidt and Jonathan Rosenberg with Alan Eagle, *How Google Works*, Grand Central Publishing, 2014, pp. 13-14. (土方奈美訳『How Google Works：私たちの働き方とマネジメント』日本経済新聞出版社、2014年、29−31頁)。

(26) George Anders, "Jeff Bezos Gets it", *Forbes*, April 23, 2012, p. 79.

(27) https://www.jpo.go.jp/news/shinchaku/event/seminer/text/document/2019_syosinsya/1_2_4.pdf

(28) Kevin Lane Keller, *Strategic Brand Management: Building, Measuring and Managing Brand Equity*, Prentice-
and p. 64. (上田惇生訳『抄訳マネジメント』ダイヤモンド社、1975年、24頁及び37頁)。

100

(29) Hall, Inc. 1998. pp. 130-167. (恩蔵直人・亀井昭宏訳『戦略的ブランド・マネジメント』東急エージェンシー出版部、2000年、172-211頁)。

(30) Scott Galloway, *op. cit.* p.188. (前掲訳書、308-309頁)。

(31) 恩蔵直人、前掲書、25-29頁。

(32) Scott Galloway, *Post Corona: From Crisis to Opportunity*, Corgi Books, 2020, p. xv. (前掲訳書、5頁)。

(33) Clayton M. Christensen, Scott D. Anthony, and Eric A. Roth, *op. cit.*, p. 30. (渡会圭子訳『ガーファネクストステージ：四騎士＋Xの次なる支配者』東洋経済新報社、2021年、64-65頁)。

(34) Colonel Sanders, *Col Harland Sanders: The Autobiography of the Original Celebrity Chef* (コール陽子訳『世界でもっとも有名なシェフ カーネルサンダースの自伝』日本ケンタッキー・フライドチキン株式会社、2013年、161頁)。

(35) Philip Kotler, Thomas Hayes and Paul N. Bloom, *Marketing Professional Services*, 2nd ed., Learning Network Direct, Inc. 2002. pp. 302-303. (白井義男監修・平林祥訳『コトラーのプロフェッショナル・サービス・マーケティング』ピアソン・エデュケーション、2002年、247-248頁)。

(36) Andrew Carnegie, *Autobiography of Andrew Carnegie*, Pickering & Chatto Limited, 2010, p. 185. (坂西志保訳『カーネギー自伝』中公文庫、2002年、160頁)。

(37) http://www.building.co.jp/.

(38) Howard Schultz with Joanne Gordon, *Onward: How Starbucks Fought for Its Life without Losing Its Soul*, Rodale, Inc. 2011, p. 257. (月沢季歌子訳『スターバックス再生物語：つながりを育む経営』徳間書店、2011年、351頁)。

(39) 緒方和行『鈴木敏文のセブン−イレブン・ウェイ：日本から世界に広がる「お客様流」経営』朝日新聞出版、2013年、33頁及び110頁。

(40) Tom Kelley with Jonathan Littman, *The Art of Innovation: Lessons in Creativity from IDEO, America's*

（43） Kotler and Armstrong, *op. cit.,* pp. 414-415.（前掲訳書、６２７－６２９頁）。

（42） Scott Galloway, *op. cit.,* p. 190.（前掲訳書、３１２頁）。

（41） https://unctad.org/news/new-global-alliance-special-economic-zones-boost-development

（40） https://www.chisou.go.jp/tiiki/kokusentoc/index.html

インファームＩＤＥＯに学ぶイノベーションの技法』早川書房、２００２年、１３６－１３７頁）。

Leading Design Firm, Profile Business, 2001, p. 121.（鈴木主税・秀岡尚子訳『発想する会社！：世界最高のデザ

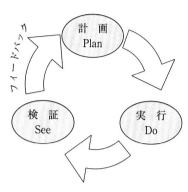

図表6−1　PDSサイクル

計画
Plan

実行
Do

検証
See

フィードバック

第6章　経営戦略

1　計画の必要性

経営を適切に行うためには、計画を立てなければなりません。その理由の1つは、直観も大切ですが、直観だけで実行するよりも分析を加えた計画を起案し、改善を行う経営の方が間違いや失敗が少ないばかりでなく、達成すべき明確な目標ができるからです。経営がうまくいっていない会社は、計画を立てていないことが多いと思います。

もう1つは、経営においては、コントロールできない変数があるからです。たとえば、4Pはコントロール可能ですが、経営に影響を及ぼす競争環境、経済及び技術的環境、政治及び法的環境、文化及び社会的環境そして

企業の資源と目的（設定が困難）は、制御不能な変数になります。制御不能な変数に対応する計画を立案しなければなりません。

また人間は、誰でも大なり小なり見誤り、間違いを犯します。取り返しがつかなくなる前に、間違いを早く修正することが必要です。軌道修正を実施するために、PDSやPDCAと呼ばれる管理サイクルが用いられています。PDSサイクルは、図表6−1に示すように、P（計画）、D（実行）、S（検証）の後で、その検証結果と最初の計画との間に不都合が生じている場合に、不適切な点の修正をするフィードバックを加えて、新たな計画づくりを行う継続的改善を目的としたサイクルです。

PDCAサイクルは、品質管理（QC）を構築したウォルター・シューハートとエドワード・デミングの名をとってシューハート・サイクルとか、デミング・サイクルとも呼ばれます。それは、P（計画）、D（実行）、C（検査）、A（改善）のサイクルで、PDSと同様に、Aの結果をPに反映することでサイクルとなっています。たとえば、製品をデザインし（P）、それをつくり（D）、それを市場に出し（C）、ユーザーがそれをどのように考えているかなど、使用可能状態にあるその製品をテストし（A）、そして、その製品を再デザインするという手順になります。かつてはPDSが主流でしたが、今日ではPDCAがトヨタをはじめとする企業ばかりでなく、公官庁や大学でも用いられています。どちらのサイクルでもよいのですが、それをできるだけ早く回して、市場の要求と会社が行っていること

104

のブレを修正していくことがよい経営につながります。

計画が経営に重要であると指摘した代表的な人は、経営学の父と呼ばれるフレデリック・テーラーです。それまでは計画する仕事は、賃金の高い機械工にまかせていたのですが、多少でも事務的なことは一切させないことにする。頭脳的な仕事に属することは全部工場からとりさり、これを計画課又は設計課にあつめてしまい、職長と組長とには実行的な仕事だけをさせる」として、従業員各人に自分の仕事に専念させ、「管理法の全分野を通じて軍隊式組織をやめてしまい、いわゆる職能組織又は「機能式」組織といれかえてしまわなければならない」と指摘しました。この指摘から、今日の「部」や「課」が成立したとみることができます。

テーラーが著した『科学的管理法』は、計画課の設置と職能組織ばかりでなく、ストップウォッチを使った作業の「時間研究」、作業の標準化及び差別出来高給制による課業管理などが提唱されています。

2　計画の実際

最初に設定する計画は、ビジョンやミッションと呼ばれるものです。ジェームズ・コリン

ズ等は、業界で卓越し、同業他社の間で広く尊敬を集め、大きなインパクトを世界に与え続けてきた企業の特徴を調査し、その企業を先見的な企業と名づけました。ビジョンは、基本的価値観（変わることのない「会社が支持するものと存在理由」）及び想定される未来（達成するために重要な変化と進歩が必要な「会社が成り代わり、達成し、創造することを目指すもの」）と定義されます。この定義には、将来なりたい姿が示されていますので、ミッションよりも広い意味になります。

ミッションは、会社の価値観から由来するものです。具体的には、雇用を増やして社会に貢献したいなどです。ミッションは、いろいろな会社のホームページに掲げられています。

なお、社是は会社の方針や主張で、社訓は従業員の行動規範を意味するのですが、これらも作成することが望ましいでしょう。各企業の事例については、社会経済生産性本部編『ミッション・経営理念』生産性出版、等を参考にしてください。

ミッションは、経営理念とほぼ同義と考えてよいでしょう。経営理念を言語化してカードにしたものをクレドカードと呼ぶ場合もあります。クレドの有名な例としてジョンソン・エンド・ジョンソンは、「わが信条」で、顧客に対する責任、従業員に対する責任、地域社会と全世界の共同体に対する責任及び株主に対する責任を定義しています。

ミッションの例として、資生堂は「私たちは、多くの人々との出会いを通じて、新しく深みのある価値を発見し、美しい生活文化を創造します」と謳っています。

ヨネックスは経営理念を「独創の技術と最高の製品で世界に貢献する」としていますが、これはミッションと同義と考えられます。創業者の米山氏は、この理念の根底にある考えを「徹底した品質管理は言うまでもなく、業界を震撼させる製品開発こそブランド力を高める最たるものである」と指摘しています。このほか、JTグループや日本郵政グループのように、巨大企業が集まっている場合はグループ全体をまとめるグループ・ミッションやグループ経営理念を掲げているところもあります。ミッションを達成するための事業領域はドメインと呼ばれます。

このように、ミッションとそれをさらに具体化した目標が設定されたら、その目標を実現するための戦略計画（ストラテジックプラン）を策定します。この計画は、経営戦略とか企業戦略などと呼ばれています。

戦略計画とは、「何（ホワット）」を問題とする計画です。具体的な目標を達成するために何をするのかということです。目標に至る道筋の選択とも言えます。経営史で最も有名な学者の1人であるアルフレッド・チャンドラーは、最初に4社、次に80社の会社を対象として比較研究をした結果、「組織は戦略に従う」という命題を導き出しました。

その後、経営戦略論の父と呼ばれるイゴール・アンゾフは、「戦略は構造に従う」必要があることを指摘しました。アンゾフは、1950年代から企業も連邦政府も戦略的な推進力を適応させる代わりに、まず能力の適応を試みたので、チャンドラーの順序は逆転しはじめたと述べています。

最初のチャンドラーの命題は、戦略を実現するためには、それに必要な組織を用意しなければならないことを意味します。それに対して、アンゾフの主張は、戦略転換が望ましくとも、とりあえずは今ある組織構造や生産設備に戦略を合わせる以外に方法はないことになります。

1950年代に最初に戦略計画が登場したとき、それが、かっこよくて魅力的な言葉であったため、長期計画は戦略計画に言い換えられました。戦略計画は、一定期間に達成する目標を掲げる期間計画ではありません。期間計画は会社によって異なりますが、5年程度の「長期計画」、2・3年を視野に入れた「中期計画」、1年程度の「短期計画」で構成されるのが一般的です。戦略計画は、どんな会社にするのかとか、どんな製品づくりをするのかといった計画なので、戦略には期間の概念は入っていないのが基本です。経営環境が変化するとすぐさま変わることがありますが、経営環境が変わらなければ、いつまでも同じ戦略が継続されます。

戦略計画に対して、戦術計画があります。この計画は「どうやって」を問題とする計画です。

戦略計画にはいくつかのレベルがあります。一番上は、企業戦略と呼ばれているものです。どんな企業にするかが、これによって決まります。一見すると、企業戦略は、ミッションと同じように思われるかもしれませんが、会社によっては食品、化粧品、薬品、宝石、時

108

図表6−2　成長ベクトルの構成要素

使命（ニーズ） ＼ 製品	現	新
現	市場浸透力	製品開発
新	市場開発	多角化

出所：H. Igor Ansoff, *Corporate Strategy*, McGraw-Hill, 1965, p. 99.（広田寿亮訳『企業戦略論』産業能率短期大学出版部，1969 年，137 頁）。

計などさまざまな分野で営業していることも珍しくありません。食品と宝石部門の戦略は異ならざるを得ません。その戦略をまとめる心がミッションです。

一般に大規模な会社、特に事業部制組織を採用している会社では、企業戦略の下に事業戦略があります。会社が行っている事業ごとの戦略をここで策定します。事業が多岐にわたらない場合は、企業戦略は事業戦略と同義になります。

最後の下位戦略として、職能あるいは機能戦略があります。これは、生産戦略、マーケティング戦略、販売戦略、財務戦略、人的資源戦略などです。

経営戦略を策定するうえで参考になる代表的な理論をいくつか、ここで紹介しておきます。

最初は、イゴール・アンゾフの成長ベクトルです。アンゾフは、図表6−2に示すように、企

業がどんな方向に進んでいるかを明らかにしました。市場浸透力は、現在の製品ー市場の市場占有率の増大をもとにした成長方向です。市場開発は、企業の製品についてどんな新しい使命が探求されているかを指します。製品開発は、現在の製品に代わるものとしてどのような新製品をつくり出すかを示すためのものです。多角化は、製品と使命との両方の面で、企業にとってまったく新しいものを特別に示すためのものです。

第二は、マイケル・ポーターの競争戦略論です。競争戦略には、①コストのリーダーシップ戦略、②差別化戦略、③集中戦略があるというものです。コストのリーダーシップ戦略は、「同業者よりも低コストを実現する」ことがテーマです。差別化戦略は、自社の製品やサービスに関して、業界の中でも特異だと顧客からみられる何かを創造しようとする戦略です。集中戦略は、業界全部を標的にするのではなく、特定の買い手グループとか、製品の種類とか、特定の地域市場とかへ、企業の資源を集中する戦略です。ポーターは又、産業の重要性を指摘していて、調査で年度、産業、親会社、事業固有効果の収益性を調べたところ、それぞれ、２％、19％、４％、32％でした。すなわち、どの産業で起業するかは、収益性に大きな影響を及ぼすということです。

第三は、ピボット戦略です。この戦略は、ポーターの３つの戦略の目指す１つの目標ではなく、デジタル・ファーストという姿勢をとって、顧客のニーズに最も適した戦略を採用するものです。賢明なピボットとは、中核資産を中心に、継続的に事業の方向を転換し、１つ

のステージから次のステージへと移行していき、市場環境の変化と創造的破壊力のある技術の登場に即座に対応するのです。すなわち、この戦略は、環境変化に応じて次々とピボットすることによって定期的に訪れる創造的破壊の波を乗り越えることを目的としています。

第四は、コア・コンピタンスの戦略です。コア・コンピタンスとは、個々のスキルや組織という枠を超えた学習の積み重ねから成り立っており、他社にはない価値を顧客にもたらす中核となる企業力です。この企業力を経営戦略の中心に据えるのが、コア・コンピタンスの戦略です。⑯たとえば、キヤノンは、「業界をリードするコア製品を生み出す「コア・コンピタンス技術」と、技術蓄積のベースとなる「基盤要素技術」、さらには成長の中で蓄えられてきたキヤノンブランドを支える技術・ノウハウであり、商品化技術のベースとなる「価値創造基盤技術」を多様に組み合わせた「コア・コンピタンスマネジメント」を展開して事業の多角化を行うと共に、事業の競争力を高め、市場のニーズを汲み取った商品をスピーディーに市場に供給することに努めています」⑰としています。

第五は、ブルー・オーシャン戦略です。⑱市場には、「赤い海」と「青い海」があり、レッド・オーシャンは、今日の産業すべてを表し、ブルー・オーシャンは、今はまだ生まれていない市場、未知の市場空間すべてを指します。レッド・オーシャンでは、製品のコモディティ化（日用品化：どの製品も違いがなくなること）が進み、競争が激しさを極めるため、赤い血潮に染まっていきます。

対照的に、ブルー・オーシャンは、これまでの産業の枠組みを超えて、その外に新しく創造されるものもありますが、大多数はレッド・オーシャンの延長として、つまり、既存の産業を拡張することによって生み出されます。あらゆる組織は、非顧客層の海をみつけることでブルー・オーシャンへ移行(シフト)できると指摘されています。(19)例として、コンビニ型駐車場のパーク24などがあげられます。

　第六は、一時的優位性の理論です。これは、競争優位は長期間持続しないという前提で構成されています。確かに、鉱山の運営、食品をはじめとする生活必需品の販売などのような持続する優位性の例はあります。しかし、音楽、ハイテク、旅行、通信、家電、自動車、教育など多くの事業セクターでは優位性がまたたく間に模倣され、技術革新が起き、顧客がほかの選択肢を探し、場面転換が起きるという状況に直面しています。そうした状況で生き残るためには、戦略の最終目標を、持続する競争優位の構築から一時的な競争優位の活用に移すことになります。(20)いままでの事業から撤退することで、イノベーション、成長、活用をもたらすのです。フィンランドのノキアは、紙パイプから始まり、ケーブル、自動車用タイヤ、ゴム長靴、テレビ、パソコン、携帯という多様な産業を150年に渡って展開し、現在はグローバル無線通信インフラの会社になっています。(21)新しい事業に参入するためにはどうしたらよいか。その答えの1つは、コンサルティング会社、アウトソーシング企業、人材派遣会社などを活用することです。

この戦略とピボット戦略の基本的考えは同じですが、違いは、ピボット戦略が過去・現在・未来のすべてに対して戦略を用意する点です。

第七は、リアル・オプション・アプローチです。これは、小さな不可逆的投資（大きな後戻りできない投資）を多く行い、不確実性が解消するまで待つ戦略です。オプションとは、物事がどのように展開したかをみた後で意思決定を行う機会です[22]。オプションをたくさん活用して成功しそうなものに集中していく戦略です。したがって、起業する際には、大きく投資するのではなく、不可逆的投資を少しするほうがよいことをこの理論は示しています。その際、「投資しすぎて引くに引けない症候群」にならないよう、だめだと思ったら早めにやめるべきでしょう[23]。そして、成功と失敗の比率は一定であることを示す確かな証拠があるので、もっと成功したいのであれば、多くの失敗を受け入れなければいけません[24]。

最近の会社はみな「戦略症候群に陥っている」という指摘もあります。すなわち、どの会社も合理性を追求すると同じ戦略を採用することになりかねません。それでも会社存続には他社と同じ戦略をとることが正しいかもしれません。しかし、他社との競争に打ち勝つためには、真似できない何かをもつ必要があります。それは、技術やノウハウばかりでなく、会社のDNAでも企業文化でもよいと考えられます。

戦略には一貫性が必要です。高級品を扱う店なのか安価品の店なのかなど、製品やサービスに関してはブレることなく、一貫性をもつことが大切です。ハイブリッドという一貫性も

ありますが、成功は保証できません。

戦略の決定には、現状を分析する下位活動が必要です。最も有名な分析方法は、SWOT分析と呼ばれます。SWOT分析は、会社の強み、弱み、機会、脅威を分析して、戦略策定の基礎固めを行います。すなわち、「わが社の主たる強みと弱みとはなんであるか？それらは何に起因しているのか？」、「われわれの製品にとっての市場には何が起こりつつあるのか？　それはますます拡大しつつあるのか縮小しつつあるのか？　そして、それはなぜか？」、「市場機会と際立った能力との結合がはかられたとしても、どのような最良の結合が、妥当な危険負担の範囲内で効果的に活動を可能にすることができるのか？」という質問に答えることを戦略策定作業に加えなければなりません。(25)

こうした計画以外に、総合計画と個別計画を立てている組織もあります。地方自治体法では、総合計画という自治体の基本計画を策定することになっています。個別計画として、プロジェクトがあります。これは、一定期間のうちに特定の目標を達成しようとするもので、これを実行するチームはプロジェクトチーム、下位のチームは特別作業班と呼ばれます。

3　経営資源の調達

企業は、戦略を実行するためにさまざまな経営資源を調達しなければなりません。経営資

114

源とは、経営に役立つ資源のことで、人、物、金、情報、のことを指します。そのほか、ブランドなども含むとする見解があります。また、経営戦略論では、土地や建物などの有形資産、特許や技術ノウハウなどの無形資産及び人的資源の3つに区分することもあります。[26]中小企業基本法は、経営資源を「設備、技術、個人の有する知識及び技能その他の事業活動に活用される資源」としていますが、これは、物、情報、人、金と言い換えてもよいでしょう。

ジェフリー・フェーファーらは資源依存理論を主張し「組織の存続にとってカギとなるのは、資源を獲得し、維持する能力である」[27]と述べています。人については、第7章で詳しく述べますので、ここでは、物、金、情報についてみていきます。

第2の経営資源である物については、土地、建物、設備、AIなどさまざまなものがあります。製品やサービスの製造に関しては、企業が自ら製品をつくる内製と市場調達及び系列などの中間組織を活用する3つの方法があります。このうちどの戦略を選択するかによって「物」がどれくらい必要になるかが決まります。自社で部品などを製造する比率のことを「内製率」と言います。内製率が6割であるとすると、他社から部品を調達している割合は4割となります。

市場調達は、他の企業による規模の経済（大量につくると安くできる）、範囲の経済（いろいろな事業を行うことで共通費用が少なくなる）、学習効果（1単位の生産に要する加工

時間が、累積生産量が倍加するごとに10〜20%低減していく）及び経験曲線（1単位を生産するのに必要とされる総コストが、累積生産量が倍加するごとに15〜30%低減する）による低価格と高品質を享受できる反面、交渉や契約の作成と実行に伴う費用である取引価格が発生します。

企業による内製の場合、フォード社の一括内製を追求したリバールージュ工場における大量生産のように、市場取引よりもコストを削減できる可能性がある反面、競争にさらされないために改善が顕著に現れない等の理由によってコストの上昇に苦しめられるかもしれません。

第3の経営資源である金（資金）については、直接金融と間接金融及び自己金融に分けられます。金融とは、経済の資金流通の全体を意味する場合もありますが、一般的には、資金の融通のことで、資金の貸借取引を意味し、資金繰りとも言います。

第一の金融は、直接金融です。これは、企業自身が資金の貸し手と出資契約を結び、貸し手から直接資金を調達することです。これには、株式発行、買掛金と支払手形による買入債務、約束手形を振り出してお金を借りる手形貸付、公開市場で割引形式で発行する無担保の約束手形であるコマーシャル・ペーパー、社債金融など多様なものがあります。このうち、資本市場で株式発行する株式金融は、返済義務も支払利息も必要としない反面、創業者以外の株主の意見を取り入れながら経営しなければならない場合があり、経営の自由が制限されるとか、株主資本利益率（Ｒ Ｏ Ｅ ：当期純利益÷自己資本×100）や総資産利益率

リターン・オン・エクイティ

116

（ＲＯＡ：当期純利益÷総資産×１００）に対する要求が厳しくなる可能性がありま<ruby>リターン・オン・アセット</ruby>す。ＲＯＥを高めるために自己株式を取得する会社もあります。そうして株式市場から調達された自己株式は、金庫にしまわれることから金庫株とも言われます。

第二は、間接金融です。これは、銀行借り入れのことで、お金の所有者である預金者から銀行を通して間接的に企業が資金借り入れをすることから、間接金融と呼ばれます。これには、留保利益、減価償却、引当金などが源泉となります。

こうした金融のほかに、利益の社内留保である自己金融があります。

起業当初には、キャッシュフローの改善が特に大事です。キャッシュフローは、現金と定期預金などの現金等価物の流れのことです。次の投資のための現金が手元に確保されていることが健全な経営と結びつきます。現金がないと資金の借り入れを常に行うことになり、ペダルをこぎ続けなければならない自転車操業になります。

会社の成績表は、財務諸表と呼ばれるものが代表となります。これには、資産、負債、純資産を示す貸借対照表（ＢＳ）、収益と費用の状態を示す損益計算書（ＰＬ）、資<ruby>バランスシート</ruby><ruby>プロフィット・アンド・ロス・ステートメント</ruby>金の増減を示すキャッシュフロー計算書、貸借対照表の純資産の変動状況を示す株主資本等変動計算書が含まれます。財務諸表は、対外的会計情報提供を責務とする財務会計の対象です。これ以外にも、経営分析など社内管理のための管理会計、税金計算のための税務会計があります。日本の会計基準と国際財務報告基準は異なるので注意しなければなりません。

最後は、情報資源です。これには、知識、データ、ノウハウ、特許などが含まれます。

知識は、基本的には個人が所有しているのですが、みんなの知識を集めれば、競争力が高まるとして提案されたのが「学習する組織」です。この組織は、「人々がたゆみなく能力を伸ばし、心から望む結果を実現しうる組織、革新的で発展的な思考パターンが育まれる組織、共通の目標に向かって自由にはばたく組織、共同して学ぶ方法をたえず学びつづける組織」として定義されています。具体的には、何を創造したいのかという共有ビジョンの下で、協力して学べるチームを創ることによって、組織のあらゆるレベルで人々の決意や学習する能力を高める努力をすることです。

知識には、コンピュータ処理が簡単で、電子的に伝達可能で、データベースに蓄積できる「形式知」と、目にみえにくく、表現しがたい暗黙的なもので、個人の行動、経験、理想、価値観、情念などが含まれる「暗黙知」があります。暗黙知は、マイケル・ポラニーが「語ることのできない知識」と定義したものです。

知識は、グーグルやメタの例をあげるまでもなく、今後もますます重視されるでしょう。企業の価値そのものになったため、組織的知識の蓄積を重視する組織学習は、今後もますます重視されるでしょう。

情報については、AIとIT（情報技術）の進展に取り残されないことが肝心です。近年では、金融に関しては、CFO（最高財務責任者）ばかりでなく、CIO（最高情報責任者）を設ける会社も増えています。AIとITの進展は、経営戦略を変

118

図表6－3　知的財産の種類

出所：特許庁「知的財産権について」（jpo.go.jp）

え、組織やマネジメントのあり方を変え、競争の仕方を変え、場合によっては会社の存続を左右します。戦略が経営環境と不整合になる程度が高まると、会社は倒産する可能性が高まります。それを防ぐためには、知識の集積が欠かせません。とりわけ組織学習によるプログラム可能な知識と暗黙知と呼ばれるプログラムできない知識の蓄積が必要です。知識の蓄積は、知的財産となります。

知的財産権は、図表6－3に示すように、特許権や著作権などの創作意欲の促進を目的とした「知的創造物についての権利」と、商標権や商号などの使用者の信用維持を目的とした「営業上の標識についての権利」に大別されます。また、特許権、実用新案権、意匠権、商標権及

び育成者権については、権利者だけが独占できるもので、権利者以外は知らなかったでは済まない権利で「絶対的独占権」と言われています。一方、著作権、回路配置利用権、商号及び不正競争法上の利益については、登録を要せず、物まねをしてはいけない権利で「相対的独占権」と言われています。[31]

企業では、MIS（マネジメント・インフォメーション 経営情報システム）すなわち、経営活動にかかわる情報の収集・蓄積・利用のシステムとして、戦略情報システム、意思決定支援システム、会計情報システム（鈴木好和訳『コンピュータ会計情報システム』[32]もご参照ください）、生産管理情報システム、マーケティング情報システムなどが用いられています。

【註】

（1）E. Jerome McCarthy and William D. Perreault, Jr. *op.cit*, p. 47.

（2）W. Edward Deming, *Quality, Productivity, and Competitive Position*, The Massachusetts Institute of Technology, 1982, pp. 230-231.

（3）Frederic W. Taylor, *Scientific Management*, Harper & Row, 1911, pp. 98-99. （上野陽一訳／編『科学的管理法』産業能率出版部、1957年、120‐121頁）。

（4）James C. Collins and Jerry I. Porras, *Best to Last: Successful Habits of Visionary Companies*, Harper Collins Publishers, 1994, p. 1. （山岡洋一訳『ビジョナリー・カンパニー：時代を超える生存の原則』日経BP出版センター、1995年、3頁）。

（5）*Ibid*, pp. 220-221. （同上訳書に同箇所なし）。

（6） https://credokeiei.jp/manage/

（7） https://www.jnj.com/code-of-business-conduct/japanese

（8） http://www.shiseido.co.jp

（9） 米山稔『ヨネックス米山稔：負けてたまるか』日本経済新聞社、２００６年、１４５頁。

（10） Alfred D. Chandler, Jr., *Strategy and Structure: Chapters in the History of the Industrial Enterprise*, The MIT Press, 1962, p. 14.（三菱経済研究所訳『経営戦略と組織：米国企業の事業部制成立史』実業之日本社、１９６７年、30頁）。

（11） H. Igor Ansoff, *Strategic Management*, The Macmillan Press Limited, 1978, p. 91.（中村元一訳『経営戦略論』産業能率大学出版部、１９８０年、１０９-１１０頁）。

（12） H. Igor Ansoff, *Corporate Strategy*, McGraw-Hill, 1965, p. 98.（広田寿亮訳『企業戦略論』産業能率短期大学出版部、１９６９年、１３６頁）。

（13） Michael E. Porter, *Competitive Strategy: Techniques for Analyzing Industries and Competitors*, The Free Press, 1982, pp. 35-40.（土岐坤・中辻萬治・服部照夫訳『競争の戦略』ダイヤモンド社、１９９５年、56－61頁）。

（14） Anita M. McGahan and Michael E. Porter, "How Much Does Industry Matter, Really?", *Strategic Management Journal*, Vol. 18, 1997, pp. 15-30.

（15） Omar Abbosh, Paul Nunes, and Larry Downes, *Pivot to the Future: Discovering Value and Creating Growth in a Disrupted World*, Accenture Global Solutions Limited, 2019, pp. 23.（牧岡宏監訳、小林啓倫訳『ピボット・ストラテジー：未来をつくる経営軸の定め方、動かし方』東洋経済新報社、２０１９年、4頁）。

（16） Gary Hamel and C.K. Prahalad, *Competing for the Future: Breakthrough Strategies for Seizing Control of Your Industry and Creating the Markets of Tomorrow*, Harvard Business School Press, 1994, pp. 184-258.（一条和生訳『コア・コンピタンス経営：大競争時代を勝ち抜く戦略』日本経済新聞社、１９９５年、２３５－３２７

(17) https://globalcanon/ja/ir/strategies/risk.html 頁)。

(18) W. Chan Kim and Renée Mauborgne, *Blue Ocean Strategy: How to Create Uncontested Market Space and Make the Competition Irrelevant*, Harvard Business School Publishing Corporation, 2005, pp. 4,18. (有賀裕子訳『ブルー・オーシャン戦略』ランダムハウス講談社、2005年、20‐38頁)。

(19) W. Chan Kim and Renée Mauborgne, *Blue Ocean Shift: Beyond Competing-Proven Steps to Inspire Confidence and Seize New Growth*, Hachette Books, 2017. (有賀裕子訳『ブルー・オーシャン・シフト』ダイヤモンド社、2018年)。

(20) Rita Gunther McGrath, *The End of Competitive Advantage: How to Keep Your Strategy Moving as Fast as Your Business*, Harvard Business School Press, 2013, p. xvi. (鬼澤忍訳『競争優位の終焉：市場の変化に合わせて、戦略を動かし続ける』日本経済新聞出版社、2014年、ix 頁)。

(21) Risto Siilasmaa with Catherine Fredman, *Transforming NOKIA: The Power of Optimism to Lead Through Colossal Change*, McGraw-Hill, 2019, pp. 235-236. (渡部典子訳『NOKIA復活の軌跡』早川書房、2019年、336‐377頁)。

(22) Martha Amram and Nalin Kulatilaka, *Real Options: Managing Investment in an Uncertain World*, Harvard Business School Press, 1999, pp. 6-25. (石原雅行・中村康治・吉田二郎・脇保修司訳『リアル・オプション：経営戦略の新しいアプローチ』東洋経済新報社、2001年、6‐31頁)。

(23) Tina Seelig, *What I Wish I Knew When I was 20: A Crash Course on Making Your Place in the World*, Harper One, 2009, pp. 78-79. (高遠裕子訳『20歳の時に知っておきたかったこと：スタンフォード大学集中講義』阪急コミュニケーションズ、2010年、96頁)。

(24) *Ibid*, p. 10. (同上訳書、110頁)。

(25) Kenneth R. Andrews, *The Concept of Corporate Strategy*, Dow Jones-Irwin, Inc., 3rd ed., 1987, p. 51. (山田一

(26) 郎訳『経営戦略論』産業能率短期大学出版部、1976年、141頁)。

(27) 淺羽茂・牛島辰男『経営戦略をつかむ』有斐閣、2010年、60頁。

(26) Jeffrey Pfeffer and Gerald R. Salancik, *The External Control of Organizations: A Resource Dependence Perspective*, Harper & Row, Publishers, Inc, 1978, p. 2.

(28) 高松朋史・具承桓『コア・テキスト 経営管理・第2版』新世社、2019年、165頁。

(29) Peter M. Senge, *The Fifth Discipline: The Art & Practice of the Learning Organization*, Doubleday, 1990, p. 3. (守部信之訳『最強組織の法則：新時代のチームワークとは何か』徳間書店、1995年、9‐10頁)。

(30) Michael Polani, *The Tacit Dimension*, Routledge & Paul Limited, 1966, p. 9. (佐藤敬三訳『暗黙知の次元：言語から非言語へ』紀伊国屋書店、1980年、16頁)。

(31) 知的財産権について」経済産業省 特許庁 (https://www.jpo.go.jp/system/patent/gaiyo/seidogaiyo/chizai02. html)

(32) Dames O. Hicks and Wayne E. Leininger, *Accounting Information System*, West Publishing Co, 1981. (長松秀志監訳『コンピュータ会計情報システム：戦略的企業情報システムの展開』白桃書房、1986年)。

第7章　経営組織

1　組織の概念

計画ができたら、それを遂行するための組織づくりをしなければなりません。経営学は、組織を対象とする学問です。組織は、1人ではできないことを成就するためにつくられます。また、組織は仲良しクラブではないので、一貫した指揮・命令系統をもつ必要があります。友達同士でつくる会社でも、リーダーは決めなければなりません。そうでないと、組織は方向性を失い、ばらばらになって混沌とした状態になってしまいます。組織を1つにまとめるには、公式に認められた権限である権限委譲の体系を整える必要があります。

組織には、公式組織と呼ばれるものと非公式組織と呼ばれるものがあります。公式組織について最も有名な最初の研究は、チェスター・バーナードによって行われました。公式組織についてバーナードは、アメリカ電信電話会社に勤務した約40年の経験から『経営者の役割』を著しました。バーナードは、公式組織を「2人以上の人々の意識的に調整された活動や諸力の一体系」と定義し、組織の要素を①伝達、その②貢献意欲、③共通目的としました。こ

124

れが今日でも最も有名な定義の1つとなっています。

バーナードの研究と同時期の1924年からフリッツ・レスリスバーガーらによって行わ
れたホーソン実験は、「最下級の従業員たちにもいっそう深く人間的配慮を払えば、生産上
得るところ大なるものがある(注2)」とした報告書にみられるように、生産性に最も影響を及ぼす
ものは、労働条件などではなく、人間関係であることを発見しました。

その発見は、人間は、科学的管理法の主張する賃金を中心とした外的誘因(インセンティブ)だけで動機づ
けられるのではないことを明らかにしました。このホーソン実験の結果は、従業員の管理に
おいては人間関係が大事であるとする「人間関係論」として展開しました。

こうしたバーナードとホーソン研究の結果、人間関係や動機づけ(モチベーション)は、その後の経営学にお
いて大切な研究対象となりました。

2　管理原則

ここでは、組織の管理原則について、マクス・ウェーバーとアンリ・ファヨールの見解を
紹介します。管理原則とは、管理に関する基本的ルールのことです。

ウェーバーは、組織理論の最初の体系的論述を行い、支配の三類型を明らかにしたことで
有名です。正当的支配の三類型とは、一子伝承のように、子どもなど血がつながっているも

のが次のトップになることが決まっている伝統的支配、突然リーダーとして出現し、原始キリスト教の用語で「恩寵の賜物」を示すカリスマ的支配、形式的に正しい手続きで定められた秩序と命令権をもつ合法的支配を言います。

ウェーバーは、伝統的、カリスマ的、合法的支配のうち、最も合理的な支配は、合法的支配であるとし、合法的支配のうち最も純粋な類型を「官僚制支配」と命名しました。

合法的支配の要件は、以下の項目です。

① 継続的な規則に拘束された経営
② 経営は権限の範囲内で行われる
③ 階層性の原理
④ 手続きの準拠は「規則」
⑤ 地位の占有がまったく存在しない
⑥ 経営財産と私的財産の完全な分離
⑦ 文書主義の原則
⑧ 合法的な支配はきわめてさまざまな形態をとりうる

これらの要件の多くは現代でも用いられていて、官僚制は、大きな組織を管理するうえで

参考になる基本的な原則となりました。

同様に、企業で用いられている伝統的な組織原則を記述した最初の1人は、ファヨールで⁽⁵⁾す。ファヨールは、次の14の管理原則を提唱しました。

① 分業（同一の努力でより多くの、よりよいものを生み出すことをその目的とする）

② 権限—責任（権限が行使されるところではどこでも、責任が発生する）

③ 規律（服従・精励・活動・尊敬の外的兆候を目的とする約定の尊重）

④ 命令の一元性（何らかの活動について、一担当者はただ1人の責任者からしか命令を受け取ってはならない）

⑤ 指揮の一元性（同一の目的を目指す諸活動の全体について唯一の責任者と唯一の計画が存在する）

⑥ 個人的利益の全体的利益への従属（企業において一担当者あるいは担当者の利益が企業の利益に優先してはならない）

⑦ 従業員の報酬（公正なものでなければならず、可能な限り従業員と企業、使用者と従業員に同時に満足を与えるものでなければならない）

⑧ 権限の集中（組織体のあらゆる部分を動かす命令が指導部から発せられる）

⑨ 階層組織（上位権限者から下位の担当者に至る責任者の系列）

⑩ 秩序（適所適材並びに適材適所という物的秩序の公式）

⑪ 公正（好意と正義の結びつきからもたらされるもので、従業員がその職務の遂行において、進んで事に当たろうとする熱意と可能な限りの献身をもたらすように奨励されるためには、従業員が好意をもって取り扱われることが必要である）

⑫ 従業員の安定（大規模な企業の人間と事物について知るようになり、活動計画を決定することができ、自信をもち、他人に信頼されるようになるには、多くの時間が必要である）

⑬ 創意（計画を立案し、その計画を確実なものにすることで、知的な人間が経験し得る最高のすばらしい満足の1つ）

⑭ 従業員の団結（企業の従業員の間の調和・団結は、企業にとって大きな力である）

ファヨールが提唱した分業や階層組織、命令の一元性、指揮の一元性などは、今日でも多くの企業や組織で用いられています。また、14の原則を精緻化した原則も提案されてきました。経営者は日常的な問題ではなく、例外的な問題についての意思決定を行うべきとした「例外の原則」、1人の管理者が統制できる部下の数には限界があるとする「統制範囲の原則」などです。

リンドール・アーウィックらは、統制範囲の原則に関して、ファヨールは部下の数を5人

128

か6人以下としていますが、他の研究はもっと多くなっていて、その理由は、観察された管理者の能力や仕事習慣と、包摂される仕事が比較できないという特徴のせいであると指摘しています。自立管理型チームなどの新しい組織形態の出現によって1人の管理者が60人から80人まで責任を負うようになっているとする報告もあります。

これらの原則は、元のまま使われるとは限りません。たとえば、分業の原則では、分業が進みすぎると逆機能を起こしてしまうことがわかっていて、反分業が行われるリエンジニアリングと呼ばれる手法が使われている場合もあります。

権限と責任の原則については、高い業績を実現している組織では、責任のほうが大きく設定されています。責任範囲のほうが広いと、社員は想像力を発揮し、必要な経営資源が与えられなくても成功する方法を一生懸命探しださなければならず、起業家的に行動せざるを得なくなるからです。

3　組織の基本形態

基本的な組織構造には以下のようなものがあります。

図表7−1　ライン組織

純粋ライン組織

```
      社長
   ┌────┴────┐
  課長        課長
```

部門ライン組織

```
      社長
   ┌────┴────┐
 販売課      製造課
```

① ライン組織

ライン組織は、小規模組織にみられる構造で、トップから平社員にいたるまで単一の命令系統によって結ばれていて、基幹的業務の中軸だけで構成される組織形態です。具体的には、社長から生産部門の従業員や販売員に直接命令が届く組織です。この組織の責任と権限の関係は明確になりますが、専門化の効力を発揮しにくい、横のコミュニケーションが取りにくい、上司の負担が大きくなるなどの短所を併せもちます。

図表7−1に示されるように、ライン組織には職能分化はなく、軍隊組織とも呼ばれる純粋ライン組織と生産と販売などの職能の水平分化がある部門ライン組織があります。[10]

② ライン・アンド・スタッフ組織

ライン・アンド・スタッフ組織は、基幹的業務を実行するライン組織に、その管理職能を専門的機能で支援するスタッフ組織を付け加えた組織形態です。図表7−2に示されるように、ライン組織に付け加えられたスタッフ組織には、人的資源、総務、財務、研究開発などの[11]

図表7－2　ライン・アンド・スタッフ組織

社　長

スタッフ部　スタッフ部　スタッフ部　スタッフ部

営業所　　　　　　　　　工　場

図表7－3　職能部門別組織

社　長

生産部　販売部　財務部　研究開発部　人的資源部　総務部

部門があります。

　この構造は、ライン組織の命令系統一元化の利点と専門化の利点が得られますが、ラインとスタッフ間の対立やスタッフの増大が間接費の増大をもたらすなどの短所もあります。

　③　職能部門別組織

　職能部門別組織は、機能別組織とも呼ばれ、テーラーが提案した職能別職長制（職長の管理機能を職能ごとに分化した組織）を基礎にしたもので、わが国の企業において一般的にみられます。

　図表7－3に示されるように、この組織では、通常、社長の下に同列に生産部、販売部、財務部、研究開発部、人的資源部、総務部といった職能部門が横一列に配属されています。

　部門間の権力差が他の組織形態よりも小さく、各部門間の参加を促進しやすい反面、すべ

図表7－4　事業部制組織

```
                        社　長
          ┌───────────┴───────────┐
       A事業部                    B事業部
  ┌──┬──┬──┬──┬──┬──┐   ┌──┬──┬──┬──┬──┬──┐
 生 販 財 研 人 マ          生 販 財 研 人 マ
 産 売 務 究 的 ー          産 売 務 究 的 ー
 部 部 部 開 資 ケ          部 部 部 開 資 ケ
          発 源 テ                   発 源 テ
          部 部 ィ                   部 部 ィ
              ン                       ン
              グ                       グ
              部                       部
```

ての部門の合意を得る必要が生じることが多いので、意思決定に時間がかかる傾向があります。

④　事業部制組織

事業部制組織は、図表7－4に示されるように、製品別、地域別、顧客別などの基準で事業部を設置し、この事業部の下にそれぞれ生産、販売、マーケティングなどの職能部門別組織を形成し、これらを本社が統制する組織形態です。

2008年代まで販売台数世界一を誇ったＧＭ社は、1920年代の終わりごろ、販売不振と財政面での問題を抱えていました。そこで、各事業部を利益責任単位とした分権的組織を構築しました。(12)すなわち、ビュイック、キャデラック、シボレー、オークランド、オールズモビル及びゼネラル・モーターズ・トラックという6つの自動車事業部門を設けました。そうすることで、経営資源の合理的活用を達成し、さらなる成長を達成できたのです。

図表7−5　マトリクス組織

国内では、松下幸之助氏が最初に事業部制を実施したと伝えられています。[13]

こうして事業部制をとることにより、本社機構はグループ全体のミッションや戦略的な意思決定に専念でき、利益責任が明確になるなどのメリットがあります。しかし、セクショナリズム（部局割拠主義）が発生しやすいなどのデメリットがあります。たとえば、人的資源部などの職能部門が事業部の数だけ形成され、人材の囲い込みなどが生じるために人的資源の最適活用が阻害されたり、短期志向になりやすい傾向があります。

⑤　マトリクス組織

マトリクス組織は、事業部制組織のデメリットを補完しつつ、そのメリットを生かそうとする組織です。アメリカの航空宇宙産業において、政府や産業の多くの小さい組織が「合体」し、一連の軍事上及び宇宙上の開発複合体を形成したときにマトリクス組織はできました。[14]　マトリクス組

図表7-6　グローバル・マトリクス組織

織は、図表7-5に示されるように、事業部制組織と職能部門制組織が行列になっている組織で、事業別ごとに張りついていた職能部門別組織が1つにまとめられています。これによって組織横断的に経営資源を配分できるというメリットがある反面、事業部と各職能部から命令が下されるため、命令の一元性が失われ、機動力が低下するおそれがあります。

近年では、グローバル化に対応するために、図表7-6や図表7-7に示されるように、三次元マトリクス組織が登場していて、二次元のマトリクスの後ろに地域ごとのマトリクスが設けられるようになりました。トヨタや花王などがこの組織を採用しています。

⑥　SBU（戦略事業単位）
ゼネラル・エレクトリック
GE社は、責任範囲理論に固執することで、特定の規模以下の事業しか管理できなくなり、

図表7－7　3次元マトリクス組織

結果として事業部門全体が膨張し、市場の状態や競合状況の把握を困難なものにしてしまいました。そこで、拡大しすぎた事業を同じ戦略で束ねるSBUを設置し、ビジネス・ユニットの数を大幅に減らしました[15]。わが国では、住友商事や三菱重工などが用いています。

⑦　逆さまのピラミッド

カール・アルブレヒトは、製造業型経営のパラダイムからサービス・マネジメントのパラダイムへの移行のためには、図表7－8に示されるように、伝統的なピラミッド型組織構造から「逆さまのピラミッド」に変更する必要を提唱しています[16]。伝統的な組織では、従業員が下方向に位置していますが、それは、企業活動への参加者とし

※「パラダイム」の欄外注記：支配的な考え方

図表7−8　逆さまの権威のピラミッド

顧　　　客

従　業　員

管　理　者

経　営　者

出所：Karl Albrecht, *At America's Service: How Corporations Can Revolutionize the Way They Treat Their Customers*, Dow Jones-Irwin, 1988, p. 166.（鳥居直隆監訳『逆さまのピラミッド』日本能率協会，1990年，107頁）。

て、ほとんど影響力がないことを示しています。また、それまで図の中には顧客の姿がありませんでした。ヤマト運輸やファミリーマートなどがこの組織を採用しています。

⑧　バーチャルネットワーク組織

これは、図表7−9に示したように、会社がネットワークの中心として、生産、販売、配給、など別々の専門会社を調整しながら経営するバーチャルネットワーク組織です。

この組織は、アイデアだけでモノづくりを可能にします。クリス・アンダーソンは、これを第3次産業革命、あるいは、メイカー・ムーブメント（製造業者運動）と呼んでいます。

⑨　相対的配置
コンフィギュレーション

これは、組織の類型を5つのパーツから成り

136

図表7−9　バーチャルネットワーク組織

出所：Richard L. Daft, with the assistance of Patricia G. Lane, *Management*, 10th ed., South-Western, 2012, p. 271.

立つ「相対的配置」と考える見解です。5つのパーツとは、経営執行者、ライン・マネジャー、現場の人たち、サポート・スタッフ、職能スタッフであるテクノストラクチャーです。この5つの基本要素から、単純構造、機械的官僚制、専門的官僚制、事業部形態、アドホクラシー（アルビン・トフラーの用語でプロジェクト組織のように選択的に分権化された組織）という5つの相対的配置ができます。⑰

⑩　その他の組織形態

その他の代表的な組織形態として、事業は行わず子会社や関連の株式を所有するだけの純粋持ち株会社、事業を行いながら子会社や関連会社の株を所有してグループを形成する事業持ち株会社、ソニーが1994年に最初に使用した、事業部に多大の権限を委譲してその事業部を1つの会社のように扱うカンパニー制度があり、楽天などで採用されています。

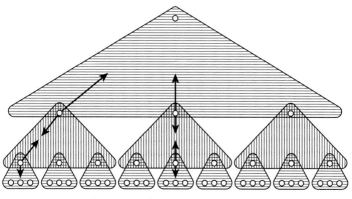

図表7-10　連結ピン組織

矢印は連結ピン機能を示しています。

出所：Rensis Likert, *New Patterns of Management*, McGraw-Hill Kogakusha, Ltd., 1961, p. 113.

また、社内からリーダーが選ばれ、「小集団独立採算制により全員参加経営を行い、全従業員の力を結集していく経営管理システム[18]」である京セラのアメーバ組織、組織における上方向への影響の重要性を考慮した連結ピン組織[19]（図表7-10）、そのほか、パタゴニアに例示される、12人以下の自主経営チームから構成され、横一線に並ぶパラレル構造、個別契約の網構造、チームが重なり合う入れ子構造という3タイプの進化型組織などの柔軟なさまざまな形態のものがあります。これらの分散型自立組織（DAO）は、意思決定の分散化を通して意思決定の迅速化と成員のコミットメント（組織の目標と価値との一体化、組織に属したいという希望、組織のために喜んで努力すること）や熱意をもたらします。

138

4 組織の選択

これまでみてきたように、組織にはさまざまな形があります。そのうちのどれが戦略遂行上適しているかは、一概には言えません。現在分かっていることは、残念ながら、「唯一最善の答え」がないということです。

意思決定とは、一番よい案を選択することです。ノーベル経済学賞を受賞したハーバート・サイモンは、意思決定の作業として、①すべての代替的戦略を列挙すること、②これらの戦略の各々から生ずる結果のすべてを確定すること、③これらの結果の集合を比較評価することとしています。サイモンによれば、この決定は合理的選択（他のものよりも好ましい結果を選び、それを実現すること）でなければならないのですが、知識の不完全性、予測の困難性及び行動選択の限定性により合理性が限定されてしまいます。この限定合理性の下で示された行動モデルが「経営人モデル」（最大化をする「経済人」モデルに対して満足化を図るモデル）です。限定合理性は、組織的環境により変化するので、できるだけ合理的決定をもたらすように組織環境を設計しなければなりません。

組織構造の決定に関しては、チャンドラーが歴史的に導き出した命題の通り、戦略に従って選択しなければなりません。理論的には、組織が有効に機能するために、不確実性、技

術、企業規模などの環境状況に対して反応的に組織の構造形態が決定されるという環境決定論である状況適応理論、環境に影響されずに経営者が希望する組織形態を戦略的に選択する戦略的選択論などがあります。

ポール・ローレンスとジェイ・ローシュは、1963年から環境が組織の業績に与える影響を調べて、組織形態と環境とに関連があることを発見しました。彼らは、環境が多様であれば、それだけ組織の分化は高度になり、それだけ精巧な統合手段が必要になるというコンティンジェンシー理論を提案した代表的な研究者です。[25]また、ローレンスらは、組織は環境の要求条件だけでなく、その構成員の欲求にも適合しなければならないことを発見しました。

コンティンジェンシー理論は、フレッド・フィードラーがリーダーのとる戦略の有効性が部下や課題などのリーダーを取り巻く環境によって変化するという結果から提案したものです。[26]この、リーダーの有効性は状況によって異なるとするコンティンジェンシー理論が組織の選択にも当てはまることを、ローレンスたちは示しました。

近年は、機械的よりも有機的でピラミッド型よりもフラットで、臨機応変な組織が用いられています。それは、スピードの経営が望まれ、できるだけ現場に権限を委譲することが必要になったためです。現場に権限を委譲することをエンパワーメントと言います。エンパワーメントは、上司の決定に参加する「経営参加」とは違い、部下が自分で決定を行うこと

を意味します。できるだけ意思決定を現場に任せるのがよいでしょう。

組織の選択にあたっては、技術進歩や市場の動向ばかりでなく、自社内の経営資源の変化も考慮して絶えず見直すことが望まれます。組織を変えることを、組織変革（OD）と言います。ODには、まず、組織構造を変革するものと仕事のプロセスを変革するやり方があります。仕事のプロセスを変革する手法の1つは、前述の「リエンジニアリング」です。リエンジニアリングは、顧客満足の視点から仕事のプロセスを「初めからやり直すこと」[27]です。日本の職場における職務の柔軟性にヒントを得て、分業が進みすぎたアメリカの組織の見直しがここから始まりました。

また、ODには、診断型と対話型があります。診断型ODは、エキスパートによって組織の現状を診断して改善しようとする手法で、ロバート・ブレイクとジェーン・ムートンによる「人への関心」と「業績への関心」[28]からなる各9つの格子を診断して改善するマネジリアルグリッド・プログラムやリエンジニアリングで行われる他社の最善の方法を評価、学習する体系的、継続的手法であるベンチマーキングなどが含まれます。

それに対して、対話型ODは、組織の参加者が、自分たちに必要な学習と変革の創出に共通の関心をもち、本音でかかわりあうことを望み、またそのようにできる人々であり、彼ら[29]によって自己組織化が成立するという前提で行われます。すなわち、それは、当事者たちの対話による自己組織の問題解決を志向します。

【註】

(1) Chester I. Barnard, *The Function of Executive*, Harvard University Press, 1938, p. 73.（山本保次郎・田杉競・飯野春樹訳『経営者の役割』ダイヤモンド社、1958年、84頁）。

(2) Elton Mayo, *The Human Problems of an Industrial Civilization*, The Macmillan Company, 1960, p. 67.（村本栄一訳『新訳　産業文明における人間問題：ホーソン実験とその展開』日本能率協会、1967年、71－72頁）。

(3) Max Weber, *Wirtschaft und Gesellschaft, Grundriss der verstehenden Soziologie*, vierte, neu herausgegebene *Auflage, besorgt von Johannes Winckelmann*, 1956, erster Teil, Kapitel III, IV, S. 124.（世良晃志郎訳『支配の諸類型』創文社、1970年、10頁）。

(4) *Ibid.*, S.125-126.（前掲訳書、14－16頁）。

(5) Henri Fayol, *Administration Industrielle et Générale: Prévoyance, Organisation, Commandement, Coordination, Contrôle : Bulletin de la Société de l'Industrie Minérale*, Nunod, 1925, pp. 28-57.（佐々木恒男訳『産業ならびに一般の管理』未来社、1972年、41－76頁）。

(6) Luther Gulick and L. Urwick, eds., *Papers on the Science of Administration*, Pickering & Chatto, 2004, pp. 15-17.

(7) Dave Ulrich, Jack Zenger, and Norm Smallwood, *Results-Based Leadership*, Harvard Business School Press, 1999, p. 182.（DIAMONDハーバード・ビジネス・レビュー編集部訳『脱コンピテンシーのリーダーシップ：成果志向で組織を動かす』ダイヤモンド社、2003年、241頁）。

(8) Michael Hammer and James Champy, *Reengineering the Corporation: A Manifesto for Business Revolution*, Harper-Collins Publishers, 2001, p. 72.

(9) Robert Simons, "Designing High-Performance Jobs", *Harvard Business Review*, July-August 2005, pp. 56-57.（D

(21) Herbert A. Simon, *Administrative Behavior: A Study of Decision-Making Processes in Administrative*

(20) Frederic Laloux, *Reinventing Organizations: A Guide to Creating Organizations Inspired by the Next Stage of Human Consciousness*, Lightning Source Inc., 2014.（鈴木立哉訳 『ティール組織：マネジメントの常識を覆す次世代型組織の出現』英治出版、2018年）。

(19) Rensis Likert, *New Patterns of Management*, McGraw-Hill Kogakusha, Ltd., 1961, p. 113.

(18) 稲盛和夫 『アメーバ経営：ひとりひとりの社員が主役』日本経済新聞社、2006年、27頁。

(17) Henry Mintzberg, *The Structuring of Organizations*, Prentice-Hall, Inc., 1979, p. 472.

(16) Karl Albrecht, *At America's Service: How Corporations Can Revolutionize the Way They Treat Their Customers*, Dow Jones-Irwin, 1988, pp. 105-107.（鳥居直隆監訳 『逆さまのピラミッド』日本能率協会、1990年、164-166頁）。

(15) William E. Rothschild, *The Secret to GE's Success*, The McGraw-Hill Companies, Inc., 2007, p. 154.（中村起子訳 『GE：世界一強い会社の秘密』インデックス・コミュニケーションズ、2007年、164頁）。

(14) Donald R. Kingdon, *Matrix Organization: Managing Information Technologies*, Tavistock Publications Ltd., 1973, p. 17.（二神恭一・小林俊二訳 『マトリクス組織入門』早稲田大学出版部、1982年、21頁）。

(13) https://www.panasonic.com/jp/corporate/history/konosuke-matsushita/053.html

(12) 狩野貞子・石川博友訳 『GMとともに：世界最大企業の経営哲学と成長戦略』ダイヤモンド社、1967年、64頁）。

(11) 同上書、469頁。

(10) 高宮晋編 『新版 体系経営学辞典』ダイヤモンド社、1970年、468頁。

IAMONDハーバード・ビジネス・レビュー編集部 「業績は 「権限と責任」 に従う」 『コミットメント：熱意とモラールの経営』ダイヤモンド社、2007年、72-73頁）。

Alfred P. Sloan, Jr., *My Years with General Motors*, Doubleday & Company, Inc., 1964, pp. 81-82.（田中融二・

(22) *Organization*, 4th ed., The Free Press, 1997, p. 77. (二村敏子・桑田耕太郎・尾高義明・西脇暢子・高柳美香訳『経営行動：経営組織における意思決定プロセスの研究』ダイヤモンド社、2009年、119頁)。

(23) *Ibid.*, pp. 93-94 and p. 114. (同上訳書、145頁及び174頁)。

(24) *Ibid.*, pp. 118-120. (同上訳書、184−187頁)。

(25) *Ibid.* p.322. (同上訳書、498頁)。

(26) Paul R. Lawrence and Jay W. Lorsch, *Organization and Environment*, Richard D. Irwin, Inc. 1969. p. 157. (吉田博訳『組織の条件適応理論：コンティンジェンシー・セオリー』産業能率短期大学出版部、1977年、186−187頁)。

(27) Fred E. Fiedler, *A Theory of Leadership Effectiveness*, McGraw Hill 1967. (山田雄一監訳『新しい管理者像の探求』産業能率大学出版部、1970年)。

(28) Hammer and Champy, *op. cit.*, 1993, p. 32. (前掲訳書、57頁)。

(29) J. S. Mouton and R. R. Blake, *The New Managerial Grid*, Gulf Pub. Co., Book Division, 1978. (田中敏夫・小見山澄子訳『新・期待される管理者像』産業能率大学出版部、1979年)。

(29) Edgar H. Schein, "Dialogic Organization Development: Past, Present, and Future", in Gervase R. Bushe and Robert J. Marshak, eds, *Dialogic Organization Development: The Theory and Practice of Transformational Change*, Berrett-Koehler Publishers, 2015. p. x. (中村和彦訳『対話型組織開発：その理論的系譜と実践』英治出版、2018年、23頁)。

144

第8章　人的資源管理

1　人的資源管理とは何か

　人事管理は、アメリカにおいて1970年代から人的資源管理（HRM）に代わりました。その特徴は、①雇用の保証、②採用の徹底、③自己管理チームと権限の委譲、④高い成功報酬、⑤幅広い社員教育、⑥格差の縮小、⑦業績情報の共有（隠し立てしないマネジメント）などです。[1]

　1997年からは、タレントマネジメントが注目を集めだしました。すなわち、あらゆるレベルで会社の目標達成と業績向上を推し進める、有能なリーダーとマネジャーをタレントと定義し、調査結果からその重要性が明らかとなったのです。[2]　タレントマネジメントは、人的資本管理（HCM）と同義に用いられる場合があります。経済産業省は、人的資源経営を「人材を『資本』として捉え、その価値を最大限に引き出すことで、中長期的な企業価値向上につなげる経営のあり方」と定義しています。政府は、「人的資本可視化指針」を設けて情報の開示を義務づけています。[3]　すなわち、有価証券報告書において、人的資本に係

145

る「人材育成方針」、「社内環境整備方針」やこれと整合的で測定可能な指標やその目標、進捗状況等を開示することを求めています。

タレントを高い知識、スキル及び能力をもつ人材と定義すれば、HRMは、縁辺労働者や労使関係なども対象とするために、タレントマネジメントはHRMの一部となります。

HRMは、経営戦略とのかかわりの重視から採用され、戦略の維持及び変更に際してどのように人材を活用するべきかという問題を解決するものです。したがって、その中心課題は、人材を育成して環境が要求する知識、技能、感性に適応させることです。

近年では、e−HRMが使われるようになりました。e−HRM（エレクトロニック電子HRM）とは、HR業務における技術ベースのデータ構造を指します。これに使われるICT（情報通信技術）は、組織構成員がコンピュータ技術を駆使して、情報を活用し、成果をもたらすための技術です。

労働者の採用から退職に至るまでの一連の管理は「雇用管理」と呼ばれます。その中には、採用管理、人材育成、配置転換、昇進・昇格、人事考課、職務分析、定年制、再雇用制度などが含まれます。本章では、そのうち重要と考えられるものをかいつまんで解説します。

146

2　採用

採用は、どれだけの人数が必要なのか（数）と、どのような能力や知識をもつ人が必要なのか（質）という2つの基準をもとに実施しなければなりません。質的側面については、学歴別採用管理、職種別採用管理、雇用形態別採用管理、中途採用管理などさまざまなものがあります。厚生労働省は、勤務地・職務の全社員に対する明示を求めていて、特定の職務に必要な人材を募集し、仕事内容に応じて報酬を支払いする「ジョブ型」採用を後押ししています。

HRMの要諦は、よい人材を採用することです。よい人材を獲得するためには、できるだけ多くの応募者を集め、必要な知識、能力及び姿勢の有無を確かめるばかりでなく、健康状態と組織文化に合うかどうかを調べ、トップマネジメントばかりでなく、いろいろな部門の人が面接を行うことが必要です。また、その採用結果を検証して次の採用に改善を加えることを忘れてはなりません。そのほか、外国人労働者は自由に雇用できないことや障害者雇用の義務などの法規制があります。

人材の採用には時間やコストがかかるので大変ですが、近年では、インディードを代表とする求人情報専門検索エンジンサイトのジョブボード・アグリゲーターの利用、インター

ネットを利用するオンライン（e）リクルーティング、AI採用や募集の喧伝や選考まで外注_{アウトソーシング}が可能になっています。

3　人材育成

　人材育成すなわち人的資本投資は、企業の成長にとって欠かせません。会社の価値は、人的資源の知識の質と量に大きく影響されると言えましょう。イオンは、前身の岡田屋時代に小売業初の企業内大学をつくり、その後、ジャスコ創業当時に「ジャスコ大学」と「ジャスコ大学大学院」を設立しました。それは「一握りのスターによる企業経営ではその限界は明らかである。そうならないためには新しい人材の発見・育成が必要となる」(6)として人材育成を会社の基盤としたからでした。

　人材育成の方法は、大きく3つに分けられます。第一は、OJT（職場内訓練）と呼ばれます。OJTは、公式と非公式に分けられます。公式OJTは①指導員が指名されていること、②訓練成果のチェック項目の設定があることの2指標にあてはまり、その過程は、①指導員が習い手の学ぶべき仕事を実際にやってみせ、②ついで習い手が指導員の見守るもとで仕事をする、③指導員は自分の仕事にもどり習い手は自分ひとりで作業し、分からないことを聞きにいく、また仕事の成果を指導員に見てもらいその評価を聞く、という手順

148

で行います。⑦それ以外は、非公式OJTになります。

OJTの特徴的なメリットは2つあり、その第一は、職務分掌規定とか職務マニュアルなどの公式文書では表現できない具体的な技能を伝達できることです。第二は、部下1人ひとりに対して行われるので能力・適性や仕事の必要に応じたきめ細かい個別的な教育ができることです。⑧

次にOff−JT（オフ・ザ・ジョブ・トレーニング　職場外訓練）があります。これは、業務遂行の過程外の教育訓練であり、OJTが「仕事をしながら訓練する」のに対して、Off−JTは「仕事を離れて訓練する」場合を指します。

Off−JTには①新入社員教育や新任課長訓練などの階層別教育訓練、②販売員研修や技術スタッフ研修などの職能別研修、新商品に関する知識習得などの事業別研修及び特許や品質管理に関する研修などの共通専門知識研修を行う部門別教育訓練、③海外要員育成研修や新規事業開発要員研修などの重点戦略教育訓練、そして④マネジリアルグリッド・プログラムや感受性訓練等を用いた組織開発教育などが含まれます。

Off−JTのメリットは、①専門的な知識や技術などが専門の講師によって伝達される、②企業内のさまざまな他の部署や場合によっては他企業の人たちと一緒に教育訓練を受けることになるので情報交換や体験の交流ができる、③直接の上司や先輩とは違う判断基準やものの見方を習得できるなどがあります。

最後は、自己啓発です。これは、企業による一方的な教育訓練ではなく、自発的な能力開発を意味します。

人材育成という用語が用いられるようになった最大の理由は、教育訓練という企業からの受身的なものから、労働者個々人による自発的な「学習」へと基本的な考え方が変化したためです。

企業は、全社員一律の人材育成から意欲的な人材や投資効率が高いと思われる人材育成費の比重を変えてきていますが、人材育成はコストと考える発想から資源の蓄積や知的資産の増加と考えるように発想転換をしなければなりません。

近年採用されている人材育成の方法を3つ述べておきます。

第一は、eラーニングです。これは、主としてインターネットを使って、簿記などの講座を公開して社員研修を行う教育システムです。

第二は、コーチングです。コーチングは、上司が部下に答えを与えられない状況でも、質問によるコミュニケーション（たとえば、「君はこの状況に対し、どのように対応すればいいと思うか」など）を通して自ら答えをみつけられるようにサポートすることです。コーチングは、部下に答えを与えるのではなく、原因や問題点を質問によって本人に気づかせ、解決方法を自分で引き出せるようにトレーニングする方法です。

コーチングの背景として、1970年代に注目された経営参加があります。当時、経営参

加は、参加の欲求や自立実現の欲求を満たすばかりか、公平な利潤の分配、雇用の安定、ひいては生活の安定という精神面と物質面の二次元的利益を従業員に与えることができ、産業デモクラシーの基盤と言われました。

1990年代に入り、経営参加の理論は、エンパワーメントの理論へと発展しました。エンパワーメントは意思決定を委ねることなので、従業員は自分で考え、学び、行動できるようにならなければなりません。上司は、従業員が自ら決定して行動できるようにコーチとして部下を育成します。これがコーチングについての基本的考えです。

最後は、スポンサーシップです。これは、先輩が後輩を指導して「恩送り」する関係であるメンタリングとは異なり、長期の徹底した関係です。スポンサーは、部下の才能をみつけ出し、育成し、進歩を精査し、部下を擁護することで部下の昇進を助けます。アメリカ人材革新センター（CTI）の調査では、過去2年間に昇進した女性の内、スポンサーがいた場合は27%で、いない場合は18%でした。[11]

4　人事考課

人は正しく評価されなければ働く意欲を失ってしまいます。間違った評価は、離職原因にもなります。逆に、正しい評価は、人々を動機づけ、生産性の向上につながります。

人事考課は人事評価とも呼ばれ、①業績評価、②能力評価、③態度・意欲評価という3つの側面から会社に対する貢献度を分析・評価して、昇給やボーナスなどの賃金、昇進や配置などの異動及び能力開発に反映させる管理活動です。

考課における正直さや公平さは、信頼感とも結びつき、従業員の協力を生みだす源となります。クリス・アージリス(12)は、経営者に対する信頼が生産性に関連した結果と結びつくことを理論化しましたが、そうした信頼の構築は組織が存続するうえで不可欠の要素です。

業績評価は、個人ばかりでなく、作業単位や組織全体の成果や結果を測定します。査定方法をいくつか紹介しておきます。

1つは、コンピテンシーによる人事評価です。コンピテンシーとは行動特性のことです。コンピテンシーによる人事評価は、社内で高い評価を得ている社員のリーダーシップ行使、倫理観などの個人特性、情報収集力や課題の認識力などの仕事達成、部下の育成や対外折衝といった対人関係などの能力を分析して、それを基準に評価項目を設定し、評価を行うものです。

コンピテンシーに関する研究は、1973年にデビット・マクレランドが職務上の業績においてだれが成功するかは、適性テストよりも行動特性や個々の特徴のほうがずっと効果的であることを示す論文を発表したことに始まります(13)。これが意味することは、技能や技術といったスキルよりも、率先行動や柔軟性などのコンピテンシーのほうが業績と大きく結びつ

152

くということです。わが国でも武田薬品などがコンピテンシーに基づく行動規範づくりをしています。

第二は、目標管理制度（ＭＢＯ）です。ＭＢＯは、ピーター・ドラッカーによって普及した手法です。ドラッカーは、人は他人から命令されるのではなく、自分で決めた目標には努力を惜しまないことに注目します。ＭＢＯでは、従業員が上司のアドバイスを受けながら自律的に決定し、成果も自己評価で行います。自分で決めることが強い動機づけをもたらします。ドラッカーは、目標管理が、「支配による経営」を「自己統制による経営」に変換することを可能にしてくれた[14]と述べています。

インテルでは、ＭＢＯを成功させるため、目標（私はどこへ行きたいか）と主要成果（そこへ到達するためには自分のペースをどう決めるか）を用いたＯＫＲ（目標と主要な結果）という方法が用いられています。[15]

第三は、360度評価です。これまでは、直属の1人の上司だけが部下の考課を行うのが一般的でした。しかし、コンピテンシーの考え方が広まるにつれて、本人の仕事ぶりをよく知る複数の上司、同僚、部下など上下左右（360度）の人たちがコンピテンシーの評価項目に基づき採点する方が望ましいと考えられるようになりました。こうした多面的な評価は、評価の客観性、公平性、納得性を向上するばかりではなく、評価結果のフィードバックによって本人が自分の長所・短所や役割期待を正確に把握でき、能力開発に役立ちます。企

業によっては、この評価に取引先や顧客を含めているところもあります。

5　労働時間管理

労働時間は、拘束時間から休憩時間を除いた時間です。総実労働時間数は、所定内労働時間数（始業時間から終業時間までの間の実労働時間数）と所定外労働時間数（残業や休日出勤等の実労働時間数）の合計です。また、手持時間は業務従事に備えて準備する時間であり、これは労働時間に含まれます。

休憩時間は、労働時間が1日6時間を超える場合は少なくとも45分、8時間を超える場合は1時間、労働時間の途中で与えなければなりません。

休日は、週休制の原則により、毎週少なくとも1回は与えてください。これが困難な場合は、4週間に4日以上の休日を与えればよいことになっています。

年次有給休暇については6カ月以上継続勤務し、所定労働日の8割以上出勤することが発生要件となります。日数は、6カ月が10日、以後1年ごとに1日ずつ増えていき、最長20日の休暇を与えるよう定められています。パートタイム労働者も、一定の条件を満たす場合には一般の労働者と同じ日数の有給休暇を与えなくてはなりません。これらの決まりは、労働基準法によって定められていますが、この基準は「最低限の基準」であることは覚えておい

てください。休暇をたくさん上げてもよいのです。

所定外労働をさせるためには、労働基準法第36条に基づき、使用者は労働者代表と書面による協定（36協定）を締結し、これを所轄労働基準監督署長に届け出なければなりません。その際には時間外労働には25％以上、休日労働には35％以上、深夜労働（午後10時から午前5時まで）には25％以上の割増賃金を支払わなければなりません。時間外労働は、1カ月60時間を超える場合は、割増賃金率は50％以上です。残業時間の上限は、原則として月45時間・年360時間とし、臨時的な特別の事情がなければこれを超えることはできません。

今日考慮しなければならないのは、テレワークです。テレワークとは、在宅勤務とも呼ばれ、ICTを活用した、時間と場所を有効に活用できる柔軟な働き方のことです。厚生労働省は、テレワークを在宅勤務、モバイルワーク、サテライトオフィス勤務（施設利用型勤務）の3つに分類していますが、そのほか、ワーケーション（仕事とバケーションを合わせた造語）などが含まれます。

欧州では、在宅勤務権が一般化してきました。たとえば、フィンランドやオランダでは、それぞれ条件は異なるものの、自宅を含む好きな場所で働く権利を認める法律が施行されています。そして、新型コロナウイルス対策として、世界中で在宅勤務が広まりました。

今日、柔軟な働き方が求められているばかりでなく、東日本大震災や新型コロナなどの災

害時などに合わせてテレワークは広まると予想されます。そのため総務省は、ＩＴを活用した地方での在宅勤務「ふるさとテレワーク」を推進していて、委託先候補を募集するとともに地域実証事業に補助金などで支援しています。

6　賃金管理

賃金管理は、優秀な従業員の確保、従業員の労働意欲の高揚、安定した労使関係などに最も影響を及ぼすので注意深く設計しなければなりません。ネットフリックスの急成長の秘密の1つは、業界最高水準の賃金であり、「可能な限り最高の人材を探し、最高額の給与で採用すれば、報酬の差を補ってあまりある成長をきっともたらしてくれる」[17]と同社の最高人材責任者は述べています。

賃金管理には大きく分けて賃金総額管理と個別賃金管理があります。賃金総額管理は、一番重要で、賃金総額を決定しておいて、その中から配分を決定する会社もあります。武田薬品は、給与を職務給に一本化し、企業や個人の業績は賞与で調整しますが、全体として賃金総額は変わらないようにしています。

個別賃金管理の第一歩は、賃金の構成要素である基本給と諸手当をどのような割合で構成し、バランスをとるかです。基本給とは、賃金の基本的部分と付加的部分（諸手当）のうち

の基本的な部分であり、年齢、学歴、勤続年数などからなる属人給（本人給）とそれぞれの仕事ごとにその重要度や責任度などによって決められる職務給、職務遂行能力によって決められる職能給、職種ごとで決められる職種給等から成り立っています。

次に、個々の構成要素ごとに適正な個人配分ルールを設定します。その際、内部公平性の原則、外部競争性の原則及び納得性の原則という3つの個人賃金決定の原則を考慮しなければなりません。内部公平性の原則は、高い業績や成果を収めた人には高い報酬を支払うことで、従業員間の公平性を確保することです。外部競争性の原則は、競争他社の賃金に対応できる水準に自社の賃金を設定して、優秀なHRを確保することです。納得性の原則は、賃金は各人が納得する金額でなければならないことです。

その他、賃金支払いの3原則として、①代理人や親権者ではなく本人に支払う「直接払いの原則」、②一部でなく全額を支払う「全額払いの原則」、③毎月一回以上、一定の期日を定めて支払う「毎月一回以上定期払いの原則」を定めています。今日では、給与デジタル払いも認められています。

賃金形態は賃金支払形態とも呼ばれ、基本給の計算単位を示す区分のことです。この算定区分は時間単位か業績単位かで分けられます。時間単位の賃金には、時給、日給、週給、月給、年俸などがあります。業績単位賃金の場合は、通常、出来高に応じて賃金を決定する出来高給（あるいは能率給や歩合給）制の形をとります。年収が1,075万円以上の研究

開発やトレーダーなど5業務の担当者は「脱時間給」の対象者になり、勤務時間ではなく成果に応じた賃金にすることができます。

賃金体系は、賃金支払い項目を示す用語で、所定内賃金と所定外賃金に大別されます。基準内賃金は、所定労働時間と標準的作業条件の下で支払われる賃金であり、一般的には基本給の他、家族手当、通勤手当、住宅手当などの生活関連手当がこれに含まれます。

これに対し、基準外賃金は主として超過勤務手当、休日手当、深夜手当といった労働基準法に基づき支払われる割増賃金の他、役付手当、技能手当、精皆勤手当、特殊作業手当、特殊勤務手当など基本給では対応できない労働に応える職務関連手当が含まれます。

ところで、これまでは、わが国では大多数の大企業において「年功賃金」体制をとってきました。この制度の下では、賃金は、基本的には低下しません。しかし、能力主義の台頭と「同一労働同一賃金」政策によって、賃金が低下する可能性が出てきました。これは、ピーター・ドラッカーが指摘しているように「賃金については客観的な基準は1つしかない。生産性である」[18]からです。

アメリカでは、職務配置が一般的で、特定の職務に必要な人材を募集します。こうした採用は、わが国においても「ジョブ型」と呼ばれ、仕事内容に応じて報酬が支払われます。こうした仕事内容や仕事をこなす能力を基準に賃金を支払う能力主義以外に業績に基づく支払方法があります。たとえば、成果主義とは、ミッションと呼ばれる役割期待をどの程度遂行

158

したかで評価するものです。それに対し、結果主義とは、途中のプロセスは一切無視して最終的な結果のみで評価します。評価で大切なことは、アメリカのように、評価結果について意見を述べる機会をとり、納得性を高めることです。

また、給与を安くすれば利益が上がるわけではありません。コストコは、サムズクラブよりも賃金は、55％高いのですが、利益は88％高いのです[19]。賃金よりも利益を考えましょう。最高の報酬を提供することで成長した会社もあります。

優秀な人材を確保するためには、ある程度の報酬を提供しなくてはなりません。その際活用できるのが、「ストックオプション」、「譲渡制限付き株式報酬」や「株式信託給付」と呼ばれる株価連動型報酬です。ストックオプションは、あらかじめ決められた価格で株式を購入できる権利であり、譲渡制限付き株式報酬は、一定期間の売却制限がありますが、中長期の業績に連動して株式報酬を提供します。株式信託給付は、株価や業績に基づいたポイントの獲得数に応じて株を交付するものです。いずれも、資本的に余裕がないベンチャー企業にとって使いやすい報酬です。2022年で上場企業の777社が株式報酬を導入しています[20]。

ネットフリックスのように業界最高額を提示して優秀な人材を確保しているところもありますが、ホームステッドのように、市場の85％[21]しか支払わないところもあります。金が理由で来た人は、金のせいで去っていくからです。

賃金管理には、以上のほかに、賞与管理、福利厚生管理、退職金管理、年金管理、役員報酬管理、特許報酬管理などがあります。これらについては、鈴木好和『人的資源管理論』をご参照頂ければ幸いです。

7　安全衛生管理

組織は優れた人的資源を確保し、育成し、それを保持しなければなりません。この保持に相当する管理の中心になるのが安全衛生管理です。世界保健機関（WHO）は、健康を「病気でないとか、弱っていないということではなく、肉体的にも、精神的にも、そして社会的にも、すべてが満たされた状態にあること[22]」と定義しています。従業員の健康ばかりでなく、幸福をも増進するウェルビーイング（健康経営）が求められていて、経済産業省は、従業員の健康を増進し、生産性を高めた企業を「健康経営優良法人（ホワイト500）」として認定しています。

とりわけ会社は、従業員に対する安全配慮義務を負っています。すなわち、経営者は、業務に起因する負傷、疾病の発症又は死亡といった労働災害（労災）が発生しないように「労働災害防止計画」を策定しなければなりません。

また、事務所衛生基準規則は、事務所の広さを労働者1人につき、10㎡以上としなければ

ならないなどの「事務室の環境管理」、日常行う清掃のほか、大掃除を、6月以内ごとに行うことなどの「清潔」、休憩設備の設置努力義務などの「休養」、負傷者の手当に必要な救急用具及び材料を備え、その備付け場所及び使用方法を労働者に周知しなければならないなどの「救急用具」について規定していて、順守しなければなりません。

近年問題となっているのは、メンタル・ヘルスや過重労働防止です。これらは、企業の生産性と創造性を妨げるものなので、安全衛生教育、健康診断を含めた従業員の健康管理、災害補償対策をしなければなりません。

8　労働関係の終了

労働関係の終了には、①解雇、②退職、③期間満了等による自動終了（労働契約期間の満了、定年、休職期間の満了、死亡等による労働関係の満了）があります。

解雇には、①勤務成績不良等を理由とする「普通解雇」、②事業の縮小等に伴う「整理解雇」、③従業員の職場規律違反等を理由とする「懲戒解雇」があります。

「普通解雇」の代表的な事由は、「心身の故障により正常勤務に耐えない時」、「協調性の欠如・勤務態度不良」、「勤務成績不良・能力不足〔23〕」などです。

「整理解雇」は、希望退職、勧奨退職を含めた雇用調整の最終手段とみなされています。

整理解雇をする場合、①人員削減の必要性、②配置転換などを含む解雇回避の努力、③解雇対象者選定の合理性、④労働組合との協議など手続きの妥当性という4要件を無視した場合には労働契約法で「合理的な理由を欠く場合は無効」とする「解雇ルール」として明記されています。

「懲戒解雇」の事由には、①事業場内における傷害等の刑法犯に該当する行為や会社の名誉・信用を傷つけた場合などの「私生活上の犯罪」、②二重就職、③経歴詐称、④交通死亡事故、⑤男女関係・セクハラ、⑥業務命令の拒否、⑦転勤拒否、⑧始末書の不提出、⑨無断欠勤等不正常な勤務状態、⑩多重債務・破産などがあり、これにパワハラやインサイダー取引といった近年注目される事案が含まれるようになりました。

「懲戒」とは経営秩序違反に対する制裁であり、就業規則等で規定しなければなりません。それには、①戒告(譴責：将来を戒める)(始末書の提出)、②減給、③出勤停止(短期)・懲戒休職(長期)、④昇給延伸、昇給停止、降格、職務替、⑤懲戒免職(解雇)などの処分があります。

9 HRテクノロジー

　ICTやAIは、HRMの領域にも広がっています。

クラウド、IoTやAIなどの技術を活用するものは、HRテクノロジー（HRテック）と呼ばれ、採用、評価、配属に用いられます。これにより、従業員情報を一元管理し、人材配置、人材育成、採用、給与、業務改善などに用いることが可能になります。すなわち、これらの管理については近い将来自動化されるので負担が大きく軽減されます。

【註】

(1) Jeffrey Pfeffer, *The Human Equation: Building Profits by Putting People First*, Harvard Business School Press, 1998, pp. 64-98.（守島基博監修、佐藤洋一訳『人材を生かす企業：「人材」と「利益」の方程式』翔泳社、2010年、47—75頁）。

(2) Ed Michaels, Helen Handfield-Jones, and Beth Axelrod, *The War for Talent*, McKinsey & Company, Inc. 2001, p. xiii.（マッキンゼー・アンド・カンパニー監訳・渡会圭子訳『ウォー・フォー・タレント："マッキンゼー式"人材獲得・育成競争』翔泳社、2002年、25頁）。

(3) https://www.meti.go.jp/shingikai/economy/sustainable_sx/pdf/007_05_00.pdf

(4) Richard D. Johnson Michael J. Kavanagh."A Brief History and Overview of Technology in HR" in Michael J. Kavanagh and Richard D. Johnson, eds. *Human Resource Information Systems*, SAGE Publications, Inc. 4th ed. 2018, pp. 8-9.

(5) 鈴木好和『人的資源管理論（第6版）』創成社、2022年。

(6) 東海友和『イオンを創った女：評伝 小嶋千鶴子』プレジデント社、2018年、38頁。

(7) 小池和男『仕事の経済学・第2版』東洋経済新報社、1999年、26頁。

(8) 岩出博『これからの人事労務管理』泉文堂、一九九八年、一〇三−一〇四頁。

(9) 榎本英剛・増田弥生稿「コーチングとは何か」『ダイヤモンド・ハーバード・ビジネス・レビュー』March, 2001, 50−65頁。

(10) Sylvia Ann Hewlett, *The Sponsor Effect: How to Be a Better Leader by Investing in Others*, Harvard Business School Press, 2019, pp. 4-5.

(11) *Ibid*, p. 6.

(12) Chris Argyris, *Integrating the Individual and the Organization*, John Wiley& Sons, Inc. 1964, p. 31. (三隅二不二・黒川正流共訳『新しい管理社会の探求』産業能率短期大学出版部、一九六九年、37−38頁)。

(13) David C. McClelland, "Testing for Competence Rather Than for 'Intelligence'", *American Psychologist*, January 1973, pp. 1-14.

(14) Peter F. Drucker, *The Practice of Management*, Harper & Brothers Publishers, 1954, p. 131. (野田一夫監修・現代経営研究会訳『現代の経営・上』ダイヤモンド社、一九六五年、一九二頁)。

(15) Andrew S. Grove, *High Output Management*, Vintage Books, 1983, pp. 110-111. (小林薫訳『ハイ　アウトプット　マネジメント：人を育て、成果を最大にするマネジメント』日経BP、2017年、177頁)。

(16) 日本経済新聞「欧州、在宅勤務が標準に」2020年6月13日、朝刊。

(17) Patty McCord, *Powerful: Building a Culture of Freedom and Responsibility*, Silicon Guild, 2017, p. 118. (櫻井祐子訳『NETFLIX の最強人事戦略：自由と責任の文化を築く』光文社、2018年、192頁)。

(18) Peter F. Drucker, *Concept of the Corporation*, Transaction Publishers, 1946, p. 200. (上田惇生訳『企業とは何か』ダイヤモンド社、2008年、186頁)。

(19) Eric Schmidt and Jonathan Rosenberg with Alan Eagle, *op. cit.*, p. 233. (前掲訳書、366頁)。

(20) 日本経済新聞「社員へ株式報酬10年で3倍弱に」2022年8月25日、朝刊。

(21) Robert I. Sutton, *op. cit.*, p. 136. (前掲訳書、185頁)。

164

(22) https://japan-who.or.jp/about/who-what/identification-health/

(23) 櫻井稔『退職・解雇の理論と実際』中央経済社、1994年、135頁

(24) 同上書、190－212頁。

第9章 リーダーシップ

1 リーダーシップとは何か

リーダーシップとは、地位権力以外の影響力です。地位権力とは、公式権限であり、地位に付随する権力です。権力とは、社会をコントロールする能力でその効果は影響力ということになります。[1]

権力は、無理やり従わせる場合がありますが、みなが納得して従う場合はリーダーシップとなります。権力もリーダーシップも必ずしも地位の高い人だけが行使するものではなく、組織のだれもが行使できます。とりわけリーダーシップは、組織の存続にかかわる重要なものなので、組織の到達すべき望ましいところに成員を納得させて導くことなのです。

初期のリーダーシップ研究として有名なのは、ラルフ・ホワイトとロナルド・リピットによるものです。彼らは、「民主的」、「専制的」及び「自由放任的」と名付けられた、リーダーが個人及び集団の行動にどのような影響を与えるかを調べました。その結果、民主的リーダーは能率的で、集団意識性の度合いが大で、有効性の度合いも大でした。[2]また、クル

ト・レヴィンは、参加や介入を行わない自由放任的リーダーは、ほかのリーダーと比べて最も仕事のモラールが低くなると指摘しました。こうした一連の研究から、参加的経営が注目される1つのきっかけになりました。

リーダーシップの理論は、背が高いとか声が大きいなどの特性がリーダーシップの源であるとする「特性理論」、特性ではなく、集団の維持や業績の向上といった行動に注目する「行動理論」、部下の成熟度や課題の困難さなどの状況によってリーダーの有効性が変化するとする「コンティンジェンシー理論」、組織の有効性を求める「変革理論」として発展してきました。そのうち、重要と思われる理論を4つ述べておきましょう。

1つは、ダグラス・マグレガーのX理論とY理論です。マグレガーは、普通の人間は生来、仕事が嫌いなので、強制と脅迫などの監督方法を必要とするX理論と、従業員はやる気を起こす原動力、成長能力、責任をとる能力、企業目標に向かって努力する能力をみなもち合わせているので、自己統制・自己命令が望ましいとするY理論を提唱しました。そして、リーダーシップを行使するためには、職場内で上司に認められているという雰囲気、全社的基本方針と経営理念などの知識、職場の規律の徹底といったことを実施することによって、安心感を確立することが必要であるとしました。この安心感の確立により、人は、自己実現と向上の機会を追求するのです。

自己実現は、アブラハム・マズローが理論化の際に用いた概念です。マズローは、人間の

図表9−1　PM理論

出所：三隅二不二『新しいリーダーシップ：集団指導の行動科学』
ダイヤモンド社，1966年，128頁。

欲求が、①生理的欲求、②安全の欲求、③帰属と愛の欲求、④自尊の欲求、⑤自己実現の欲求という順番で、逐次的に欲求が生じてくるという欲求5段階説を唱えました。マズロー心理学の核心は、「自己実現」欲求が①〜④の欠乏欲求とは区別されて、「存在の本質的な価値（B価値）」の認識に基づく「自他合一（自己超越）」にあるとする「Z理論」に求められます。

第二は、PM理論です。この理論を提唱した三隅は、リーダーの重要な行動として目標達成機能（P）と集団維持機能（M）という2つの次元でリーダーの行動を分類しました。図表9−1に示すように、両方の次元が低い行動はpm、目標達成を重視するリーダーはPm、集団維持を重視するリーダーはpMになります。実験研究の結果、両方の機能を重視するPM型のリーダーの行動が、集団の生産性と部下の満足度、ないしモラールが相対的に最高でした。

このことから、よいリーダーは、良好な人間関係を維

168

図表9－2　リーダーシップのライフ・サイクル理論

効果的な型

（高）

関係性行動

高い関係性
と
低い課業

課業，関係性
ともに
高い

課業，関係性
ともに
低い

高い課業
と
低い関係性

（低）

（低）――――課業行動――――→（高）

（成熟）　　　　　　　（未成熟）

出所：Paul Hersey and Kenneth H. Blanchard, *Management of Organizational Behavior: Utilizing Human Resources*, second ed., Prentice-Hall, Inc., 1972, p. 135.（松井賚夫監訳『新版・管理者のための行動科学入門』日本生産性本部，1974 年，214 頁）。

持すると同時に仕事の指示と指導はきちんとする人であることが示されました。

第三は、ポール・ルーシーとケネス・ブランチャードのライフ・サイクル理論です。この理論は、メンバーの成熟度の違いに応じて効果的な行動が変わることを説明しています。

図表9－2に示されるように、未成熟な人々を扱うときは、指示行動（図では「高い課業」）を重点的に行い、部下が成熟するに従い、関係性（よい人間関係の維持）を保つが、自立できるように成熟したならば、リー

ダーは指示も関係性行動も行わないほうが効果的であると主張しています。

第四は、人格タイプについての研究です。それによりますと、やはり時代の状況によって望ましいタイプのリーダーシップは異なるものの、革新的変化をもたらすリーダーは、ナルシシスト・リーダー以外にないと言うのです。ナルシシスト・リーダーは、「他人の言葉にぜったいに耳を傾けない人間」です。すべての人のことを聞いていたらよい意思決定ができません。したがって、本のタイトルの『なぜイヤなやつほど出世するのか』の答えは、八方美人では経営できないということです。

同じく、ジェフリー・フェーファーの研究も「リーダーも同じである。決断する、実行する、改革する、競争環境で勝ち抜くといったことには、意志の力が必要であり、一部の人から反発されかねない行動をとり、反感を買いかねないような資質を発揮することが必要だ」という結論になっています。

最後は、ケン・ブランチャード等の「1分間リーダーシップ」です。これは、ライフサイクル理論とほぼ同じ見解ですが、部下の技能と意欲に応じてリーダーシップスタイルを変える方法です。すなわち、①意欲はあるが技能がない部下には「指示を与える」、②意欲も技能もない部下には「指示と支援の両方を与える」、③技能はあるが意欲のない部下には「意見を聞き、よい質問をして、激励してあげるといった支援を与える」、④技能も意欲もある部下には「委任する」というものです。

170

2 リーダーシップとマネジャーシップの違い

ここまでみてきたように、リーダーシップは、会社内では、社長とか部長などの上級管理者だけが行使できるものではありません。管理者ばかりでなく、非管理者もリーダーシップを発揮できます。

ジョン・コッターらの２０７社の実証研究では、経営を支える主要な支援者（顧客、株主、従業員）のすべてを尊重し、またすべてのレベルに属する管理者のリーダーシップの発揮を重視する文化を備えた企業が、そうでない企業を、業績において大いに凌駕することを発見しました。過去11年間で、前者が売上を平均６８２％伸ばしたのに対して、後者は１６６％ほどしか伸ばしていませんでした。前者の従業員数が２８２％増えたのに対し、後者は36％の増加、株価においても前者が９０１％増加させたのに対し、後者はわずか74％の増加、純利益においては前者が７５６％も成長させたのに対し、後者は１％しか伸ばしていなかったのです(12)。

リーダーシップは、このように組織のあらゆる場で行使できるもので、有益で必要なものです。しかし、マネジャーシップあるいはマネジメント（管理）も同様に重要で、その両者の違いを知っておかなければなりません。

ワレン・ベニスは、「リードすることは管理することではない。この両者には重要な違いがある。多くの組織は非常にうまく管理されているが、リードはうまく行われていない。リーダーは、日常の定型業務を執行する能力にはすぐれているが、リーダー定型業務をやめるべきか否かということはいっさい問題にされていないのである」[13]と述べて、すべての階層にいるリーダーが管理するだけでなく、リードしなければならないと忠告しています。

次のコッターによるマネジャーとリーダーの区別は、最も有名なものの1つなので参考にしてください[14]。

（1）込み入った環境をうまく泳ぎきるために、①マネジメントは、将来の目標を定め、その達成に向けて詳細な実行ステップを定め、計画を完遂するために経営資源を割り当てる「計画の立案と予算策定」から着手する。②リーダーシップは、将来ビジョンと、そのビジョンを実現するための変革の戦略を用意する「針路の設定」を行う。

（2）次に、①マネジメントは、計画達成に照準を合わせた組織構造を構築し、ポストを創設すること、適切な人材を充当すること、関連スタッフへ計画を伝達すること、計画実行権限を委譲すること、実行状況を把握する仕組みをつくるなど「組織化と人材配置」を行う。②リーダーシップは、互いに手を取り合って、ビジョンを理解しその実現に尽力できる人々に新しい方向性を伝え、1つの目標に向けて組織メンバーの「心

172

を統合」する。

（3）計画の達成を確実にするため、①マネジメントは、報告書やミーティングといった方法により、フォーマル、インフォーマル両面から計画と実績を綿密に比べ、両者の間にギャップが生じていないか目を光らせて、問題があれば、それを解決すべくプランを立て準備する「コントロールと問題解決」に取り組む。②リーダーシップは、価値観や感性といった、根源的ではあるが往々にして眠ったままの欲求に訴えかけることで、大きな障害をも乗り越え、皆を正しい方向へ導く「動機づけと啓発」を行う。

以上みてきたように、リーダーは方向づけを行い、変化する環境に対して経営体を改革する役割を担っています。それに対し、マネジメントはきまりを守らせることに重点が置かれます。大規模企業ではマネジメントとリーダーシップが同程度に重要ですが、とりわけ創立まもない企業にとっては、リーダーの役割が大きいと言えましょう。

3　企業文化とリーダーシップ

組織における文化（カルチャー）の研究は、トーマス・ピーターズらが『エクセレント・カンパニー』⑮において、超優良企業が強烈な文化を有していることを突き止め、その効果が指摘されたから

です。企業文化とは、「集団として獲得された価値観、信念、仮定であり、組織が繁栄をつづけるにつれてそれらが共有され当然視されるようになったもの」⑯です。すなわち、企業文化は、会社独自の行動規範や信念のことであり、社訓で示されるケースが多いようです。企業文化は、これに反する行為は許されません。企業文化と類似した用語である社風は、会社の雰囲気のことで、これに背いたとしても必ずしも罰せられるわけではありません。

シャインによれば、創業者がどのようにして文化を創造し、定着させるかについて「中でも、リーダー自らの行動は最も重要なメカニズムである。文化の創造とその定着という話になれば、「言行一致している」ことが特別な意味をもつ。新参者は、話されることよりも振る舞いの方にはるかに多くの注意を払うからだ」⑰と指摘しています。

このように、企業(もしくは組織)文化は企業の価値観であり、「わが社のやり方」です。企業文化の形成が不十分であると、細かいことでもいちいち指示しなければならなくなります。企業文化がしっかりしていれば、そうした必要はなくなります。ところが、いったん形成された企業文化は、価値観の基準となるものですから変更が困難です。なぜなら、昨日まで正しいと思っていたことが、今日からは間違ったことになることもあるからです。たとえば、JALの社員は「かつては、他部門の社員と会話をする機会がなかった。他部門はまるで別会社のようだった」⑱と述べています。つまり、これでもよかった時代があったのです。

それに対し、ANAでは「同期同士、先輩と後輩、時に上司と部下が、情報共有や意見交換

174

をする何気ない「おしゃべり」の蓄積を、大切なものと捉えています[19]として、社内の人とみなコミュニケーションを行っていて、これが逆転劇に結びついたと考えられます。

変革を起こすときは、①危機意識を高める、②変革革新チームをつくる、③変革チームが適切なビジョンを掲げる、④ビジョンを周知徹底する、⑤自発的な行動を促す、⑥短期的な成果を実現する、⑦変革の波を次々と起こし、ビジョンを達成する、⑧変革を根づかせる、という8段階の流れを実行するのがよいでしょう。

企業文化は、「うちはこういう企業です」という企業の自己認識である CI（コーポレート・アイデンティティ）と関係があります。CIは、企業文化を具現化したものが含まれるからです。CIには、組織がどのようなものであるか確認するロゴやシンボルで定義するもの、法人としての個性とみるもの、組織の特徴や中心活動を示すものなどいろいろな定義がありますが、「どんな会社か[21]を一目でわかってもらう仕掛け」であるので、CIを明らかにすることもリーダーの役割になります。

【註】

（1）Deborah Gruenfeld, *Acting with Power: Why We Are More Powerful Than We Believe*, Profile Books Ltd. 2020, p. 23.（御立英史訳『スタンフォードの権力のレッスン』ダイヤモンド社、2021年、42頁）。

（2）Ralph White and Ronald Lippitt, "Leader Behavior and Member Reaction in Three "Social Climate"", in

（３）Dorwin Cartwright and Alvin Zander, *Group Dynamics: Research and Theory*, 3rd.ed. , Harper & Row, Publishers, 1968, pp. 318-335. （中野繁喜・佐々木薫訳「三種の「社会的風土」におけるリーダーの行動と成員の反応」、三隅二不二・佐々木薫訳編『グループ・ダイナミックスⅡ〔第二版〕』誠信書房、1970年、629－661頁）。

（４）Kurt Lewin, *Resolving Social Conflicts*, Harper & Row, Publishers, 1967, p. 117.

（５）Douglas McGregor, *Leadership and Motivation*, The MIT Press, pp. 5-17 and pp. 52-59. （高橋達男訳『新版リーダーシップ』産業能率短期大学出版部、1974年、5－20頁及び62－70頁）。

（６）Abraham H. Maslow, *Motivation and Personality*, 2nd ed. Harper & Row, Publishers, Inc. 1970, pp. 35-47. （小口忠彦訳『改訂新版 人間性の心理学：モチベーションとパーソナリティ』産能大学出版部、1987年、56－72頁）。

（７）河野昭三・三島斉紀稿「Maslow 動機理論の基礎的視点に関する一考察」『甲南経営研究』第52巻 第1号、2011年 7月、145－167頁。

（８）三隅二不二『新しいリーダーシップ：集団指導の行動科学』ダイヤモンド社、1966年、117－129頁。

（９）Paul Hersey and Kenneth H. Blanchard, *Management of Organizational Behavior: Utilizing Human Resources*, 2nd ed., Prentice-Hall, Inc. 1972, pp. 134-135. （松井賚夫監訳『新版・管理者のための行動科学入門』日本生産性本部、1974年、212－214頁）。

（10）Michael Maccoby, *The Productive Narcissist: The Promise and Peril of Visionary Leadership*, Broadway Books, 2003, p.64 and p. 130. （土屋京子訳『なぜイヤなやつほど出世するのか：ナルシシストがビジネスを支配する』講談社、2004年、22及び249頁）。

（11）Jeffrey Pfeffer, *Leadership BS: Fixing Workplaces and Careers One Truth at a Time*, Harper Business, 2015, p. 208. （村井章子訳『悪いヤツほど出世する』日本経済新聞出版社、2016年、286頁）。

（12）Ken Blanchard, Patricia Zigarmi, and Drea Zigarmi, *Leadership and the One Minute Manager: A Situational*

176

Approach to Effective Leadership, updated ed., William Morrow, 2013, pp. 53-85. (田辺希久子訳『新1分間リーダーシップ』ダイヤモンド社、2015年、62－70頁)。

(12) John P. Kotter and James L Heskett, Corporate Culture and Performance, The Free Press, 1992, p. 11. (梅津祐良訳『企業文化が高業績を生む：競争を勝ち抜く「先見のリーダーシップ」』ダイヤモンド社、1994年、19頁)。

(13) Warren Bennis, Why Leaders Can's Lead: The Unconscious Conspiracy Continues, Jossey-Bass Publishers, 1989, p. 17. (千尾将訳『リーダーはなぜリードできないのか』産業能率短期大学出版部、1977年、32頁)。

(14) John P. Kotter, On What Leaders Really Do, Harvard Business School Press, 1999, pp. 52-54. (黒田由貴子監訳『リーダーシップ：いま何をすべきか』ダイヤモンド社、1999年、50－52頁)。

(15) Robert H. Waterman, Jr. and Tom Peters, In search of Excellence: Lessons from America's Best-Run Companies, Profile Books, 2015. (大前研一訳『エクセレント・カンパニー：超優良企業の条件』講談社、1983年)。

(16) Edgar H. Schein, The Corporate Culture Survival Guide, Jossey-Bass Inc., 1999, p. 20. (金井壽宏監訳、小川丈一・片山佳代子訳『企業文化：生き残りの指針』白桃書房、2004年、22頁)

(17) Ibid., pp. 97-98. (同前訳書、99－100頁)。

(18) 引頭麻実編『JAL再生：高収益企業への転換』日本経済新聞出版社、2013年、45頁。

(19) ANAビジネスソリューション『どんな問題も「チーム」で解決するANAの口ぐせ』KADOKAWA、2014年、51頁。

(20) John P. Kotter and Dean S. Cohen, The Heart of Change: Real-Life Stories of How People Change Their Organizations, Harvard Business School Press, 2002, p. 7. (高遠祐子訳『ジョン・コッターの企業変革ノート』日経BP社、2003年、25頁)。

(21) Lee Chun Wah, "Corporate Identity as Strategic Management Communication: A Working Framework", in T. C. Melewar and Elif Karaosmanoğlu, eds., Contemporary Thoughts on Corporate Branding and Corporate Identity Management, Palgrave, 2008, pp. 139-140.

第10章 企業の社会的責任

1 企業の社会的責任（CSR）

コーポレート・ソーシャル・レスポンシビリティ

企業は、社会的責任として顧客を含む社会への貢献をしなければ存続は難しくなります。

その理由は、企業にとって一番大切なのは、信用としての「暖簾」だからです。たとえ、企業が人や物をはじめとしてすべての経営資源を失っても、暖簾さえ守れれば、存続が可能であるとする多くの老舗企業の意見もその通りだと思われます

ヘンリー・フォードは「企業は利潤を得て経営しなければならない。そうでないと、企業は滅びる。しかし企業がただ利潤の実を求めて運営し、社会へのサービスをまったく考慮しない場合には、誰が運営しようとその企業はやはり滅びるにちがいない。なぜならこうした企業には、もはや存在理由がないからである」と述べて、社会への貢献、とりわけ一般大衆のための自動車をつくり、8時間労働などの余暇の創造に力を入れました。

178

2 社会的責任の起源

企業の社会的責任は、以下のような環境汚染問題とコンシューマリズムが起源となりました。

（1） 環境汚染問題

1960年代から先進工業諸国において、公害が深刻な問題となりました。わが国においても、公害が社会問題となり、大気汚染防止法、土壌汚染防止法、水質汚濁防止法などの環境法が整備されました。

さまざまな公害汚染対策として、企業は排水や汚染物質を浄化して外部に排出するエンド・オブ・パイプ方式をはじめとして、環境負荷低減型生産システムを導入するようになりました。

（2） コンシューマリズム

コンシューマリズムとは、消費者運動のことです。最初の消費者連盟は、1891年にニューヨークで結成されました。当時、食品や製品の安全性などが市民社会に影響を及ぼし

はじめました。その結果、製品について消費者が知る権利や抗議する権利意識が芽生え、企業に対して製品の安全性等に関する情報の提供、欠陥製品の無償回収等の要求が行われるようになりました。

1962年、ジョン・ケネディ元アメリカ大統領は、消費者に、情報が与えられること、安全であること、選択できること、意見が反映されること、という4つの権利を認めました[3]。

わが国でも消費者保護のための法律が整備されました。消費生活に関わる法律として、消費者保護法、消費者契約法、製造物責任法（PL法）、独占禁止法、割賦販売法、農林物資規格及び品質表示適正化法、食品衛生法、薬事法、計量法、景品表示法、訪問販売法、特定商取引法、などがあります。

（3）三方よし

伊藤忠の創業者、近江（滋賀県）の伊藤忠兵衛は、「商売は菩薩の業（行）、商売道の尊さは、売り買い何れをも益し、世の不足をうずめ、御仏の心にかなうもの」と述べ、売り手と買い手ばかりでなく、社会の幸せを願う「三方よし」の精神を経営哲学としましたが[4]、今日でもこれは多くの企業の経営理念の根幹となっています。

180

3 コンプライアンスとは何か

コンプライアンスとは、国や地方の行政が定めた法律や条令の順守です。国内外の法律を守ることは社会的責任の基本です。

コンプライアンス経営とは、コンプライアンスを経営理念（信条としての考え）や社是（会社の経営上の方針・主張）の中心においた経営です。たとえば、ホーチキは、経営理念の追求、理念に沿った行動は、コンプライアンスの実践そのものとしています。[5]

注目すべきコンプライアンス対象としては、個人情報保護法や暴力団排除条例などがあります。

近年、企業は、コンプライアンスばかりでなく人権デューデリジェンス（人権リスクの確認と対応）など、法的紛争予防と対処のために法務担当役員（GC）や最高法務責任者（CLO）と呼ばれる法務専門家を登用しています。

4 経営倫理とは何か

倫理（エシックス）とは、「何が正しくて何が間違っているかについて、人又は集団の行動を決定する道

徳の原理と価値の綱領」です。企業の社会的責任は、第一に、経済的責任として収益力をも

つことです。第二は、法的責任としてコンプライアンスが必要です。第三は、倫理的責任と

して倫理的に善を行い、害悪を避けます。最後は、任意の責任でコミュニティに貢献し、よ

い企業市民となることです。この第三の責任を果たすことが経営倫理です。

アメリカのシンクタンクであるエシスフィア・インスティテュートは、「世界で最も倫理

的な企業」を発表していて、2022年度は、花王、ソニーグループが選ばれました。

5　コーポレートブランドとESG

コーポレートブランドは、社会的責任マーケティングや社会貢献を行う社会志向マーケ

ティングに影響を受けます。なぜなら、企業がどのような社会的責任や貢献を果たしている

かは、企業のブランド資産の価値を左右するからです。

近年では、ESG（環境、社会、企業統治）の在り方がブランド力拡大に影響を及ぼす

ようになりました。環境は、①二酸化炭素排出量の削減、②再生可能エネルギーの利用、③

生産過程での廃棄物低減、社会は、①供給網での人権問題の配慮、②個人情報の保護や管

理、③製品の安全性の確保、企業統治は、①取締役会の多様性確保、②適切な納税、③贈収

賄など汚職防止などが調査会社の算出対象となっています。

182

ESG情報開示の枠組みは、乱立しており、①地域経済やエネルギー、人権などを開示するグローバル・リポーティング・イニシアチブ（GRI）、②財務、環境、社会情報を開示する価値報告財団（VRF）、③気候変動や環境情報を開示する気候変動関連情報審議会（CDSB）、④気候変動が財務に与える影響を開示する気候関連財務情報開示タスクフォース（TCFD）、⑤世界共通枠組みの策定を開示する国際サステナビリティ基準審議会（ISSB）などの基準策定団体があります。[10]

ESGの評価軸の1つとして、国連で採択された世界が達成すべき持続可能な開発目標のSDgs エスディジーズ があります。SDgsは、①貧困をなくす、②飢餓をゼロに、③すべての人に健康と福祉を、④質の高い教育をみんなに、⑤ジェンダー平等を実現しよう、⑥安全な水とトイレを世界中に、⑦エネルギーをみんなにそしてクリーンに、⑧働きがいも経済成長も、⑨産業と技術革新の基盤をつくろう、⑩人や国の不平等をなくそう、⑪住み続けられるまちづくりを、⑫つくる責任つかう責任、⑬気候変動に具体的な対策を、⑭海の豊かさを守ろう、⑮陸の豊かさも守ろう、⑯平和と公正をすべての人に、⑰パートナーシップで目標を達成しよう、という17の目標と169項目の達成基準で構成されています。[11]

わが国でも内閣総理大臣を本部長とする「SDgs推進本部」が設置され、SDgsの達成に向けて優れた取り組みをする企業・団体等を表彰する「ジャパンSDgsアワード」が制度化されています。[12]

その他、以下のような要因を考慮することがブランド・エクイティに影響を与えます。

（1）フィランソロピー

フィランソロピーとは、企業の慈善活動で、ギリシャ語の「愛する」（フィロ）と「人間」（アントロポス）に由来し[13]、社会のために寄付をしたり、ボランティア活動を行うことです。フィランソロピーは、国によって内容が異なります。たとえば、アメリカでは、フィランソロピーはNPOやNGOなどの「非営利法人」に寄付することを指します。

企業の従業員ではなく企業自体がボランティアを行う「企業ボランティア」もこれに含まれます。こうした社会貢献活動の一例として、日本経済団体連合会（経団連）の1％クラブ（ワン）があります。その会員は、経常利益や可処分所得の1％相当額以上を自主的に社会貢献活動に支出しようと努めています。わが国に先立ち、アメリカでは税引き前利益の5％を社会に還元する活動が1976年にはじまりました。

フィランソロピーの1つとして、企業の文化支援活動であるメセナがあります。社団法人企業メセナ協議会は、セミナーやシンポジウムなどの啓発・普及活動、メセナ活動に関する調査・研究活動、ウェッブによる情報発信や機関紙の情報集配活動、コンクールなどの顕彰事業、国際交流、芸術文化への民間寄付を促進する助成認定を行っているほか、優れたメセナ活動に対して「メセナアワード」を創設して表彰しています。2022年には、独自の技

術で障がいをもつアーティストの作品を付加価値化し、障がい者の自立支援と事業活動を両立する仕組みを構築し、社員の人財育成にもつなげている点が評価され、凸版印刷がメセナ大賞を受賞しました[⑭]。

なお、社会貢献活動を企業戦略の1つの道具として捉える考え方を、戦略的フィランソロピーと言います。「戦略的」という用語には、競争優位を獲得する視点が含まれます。戦略的フィランソロピーとして有名なのは、マイクロソフト社の先進国と途上国の間のデジタルデバイドを解消するための同社ソフトの無償提供です。

（2） 企業市民

企業市民は、企業も社会を構成する一員として、一般市民と同様に良識ある行動をとるべきであるという考え方です。具体的には、アメリカでは、企業が麻薬や銃による犯罪の撲滅、公立学校の荒廃対策、マイノリティ支援などを行ってきました。

（3） 生物多様性条約

生物多様性条約は、①生物の多様性の保全、②生物資源の持続可能な利用、③遺伝資源の利用から生ずる利益の公正かつ衡平な配分を目的とした国際条約です。わが国では、豊かな生物多様性を保全し、その恵沢を将来にわたって享受できる自然と共生する社会を実現する

ために生物多様性基本法が定められています。

そのため、たとえば、富士通グループは、生物多様性行動指針を策定していて、部品だけでなく、工事業者などを含めた全取引先に生物多様性保全を求めています。

（4）地球温暖化対策

地球温暖化対策の国際的枠組みは、COP（国連気候変動枠組条約の締約国会議）21で世界200カ国が気温上昇を産業革命前に比べ1・5度以内とすることに合意した「パリ協定」です。企業はパリ協定の運用ルールに合わせた温暖化ガス削減活動を行わなければなりません。環境に悪影響を及ぼす企業の株を売却することを投資撤退と呼びますが、そうならないように事業転換を図ることも必要となっています。

6　CSRの出現

1990年代後半から、欧州を中心として、CSR（企業の社会的責任）という考え方が台頭してきました。それは以下のような提案の影響を受けてのことでした。

（1）持続可能性 <ruby>サステナビリティ<rt></rt></ruby>

「経済性」、「環境性」、「社会性」という3つの視点から企業経営を評価しようとするトリプル・ボトム・ライン（TBL）という考え方が、ジョン・エルキントンによって提案されました。エルキントンは、地球の持続可能性のために、社会・環境起業家の必要性を説いています。[15]

期待されるレベルの収益ばかりでなく、環境的価値と社会的価値を提供できなければ、持続できないとするこのTBLの思想がイギリスで普及して、企業ばかりでなく国家をはじめ、さまざまな組織の社会的責任の最低限の基準となりました。その後、TBLを配慮する企業に投資する社会的責任投資などの投資ファンドが誕生しました。そして、TBLは、持続可能性報告のガイドラインと呼ばれるようになりました。現在では、国際サステナビリティ基準審議会（ISSB）が「サステナビリティ関連の財務情報の開示」や「気候関連開示」の基準を定めています。企業活動の社会的影響を金額換算して公表する「インパクト会計」も広がっています。[16]

人間の持続可能性も注目されています。これは、人間が持続可能であるためには、いきいきと働き肉体的にもメンタル的にも健康でいられる職場、長年働き続けてもストレスから疲弊したり病気になったりすることのない労働環境が求められるとするものです。

(2) CSRが求められている背景

CSRが求められる背景として、不正表示や欠陥商品などの企業不祥事がなくならないことがあります。また、企業による環境破壊や富の格差拡大も社会問題となりました。これは、世界資源研究所が2007年に指摘したもので、年間所得が3、000ドル以下で生活している人々が世界人口の7割に当たる40億人に上り、市場規模は7億ドルであるという現実です。国際NGOオックスファムの分析によると、2022年に世界中の少なくとも17億人の労働者が実質賃金のカットを経験し、家族を養ったり、照明や暖房をつけたりすることがより難しくなっています。[17] 新型コロナウイルスの影響で本人とその家族が1日1人当たり3・20ドル（約350円）未満で生活する貧困層及び極度の貧困層に分類される労働者は、2019年に比べ1億800万人増加したという報告もあります。[18]

これを解決するために、ヤクルトは、中国、インド、ベトナム、など40の国と地域でヤクルトレディの雇用、ヤクルトレディによる一人暮らし高齢者の安否確認や防犯協力活動などを実施しています。また、味の素は「ガーナ栄養改善プロジェクト」などを通して低所得層の食生活の向上に貢献するとともに、現地での原料調達などにより経済発展を促しています。

近年の研究では、CSRは、好印象をもたらす「イメージ効果」、信頼度を向上する「情

ば、BOP（低所得層）問題があります。

188

報開示効果」、不信感を減らす「保険効果」によって、企業の業績を高めることが指摘されています。[19]

（3）わが国のCSR

わが国の代表的なCSRの基準は、経団連の「企業行動憲章」です。企業は、公正な競争を通じて付加価値を創出し、雇用を生み出すなど経済社会の発展を担うとともに、広く社会にとって有用な存在でなければならないとして、国の内外において、人権を尊重し、関係法令、国際ルール及びその精神を遵守しつつ、持続可能な社会の創造に向けて、高い倫理観をもって社会的責任を果たしていくと宣言しています。

人権に関しては、SDGsにも盛り込まれていて、外務省は、人権を尊重する企業の責任を促すための取り組みとして、人権デューデリジェンスのプロセス（企業活動における人権への影響の特定、予防・軽減、対処、情報共有を行うこと）の導入を求めています。

CSRの例として、トヨタは、CSR方針を「社会・地球の持続可能な発展への貢献」として連結会社とこれを共有しています。

7 株主主権論と社会的責任

（1） 株主主権論

株主主権論とは、株式会社は出資者である株主が主権者であるというものです。経営者は、株主の委託を受けて経営をしているのであって、その目的は、株主利益の最大化としなければならないとする理論で、ミルトン・フリードマンの主張が代表的です。

（2） フリードマンの主張

ノーベル経済学賞を受賞したミルトン・フリードマンは、経済においては、政府の規制がない自由主義経済が望ましいと主張しました。[20] すなわち、企業経営者の使命は株主利益の最大化であり、それ以外の社会的責任を引き受ける傾向が強まるほど、自由社会にとって危険なことはなく、もしも企業が寄付をしたら、その行為は、株主が自分の資金の使いみちを決める自由を奪うことになると指摘しました。

（3） 企業とステークホルダー

企業を取り巻くステークホルダーと呼ばれる利害関係者には、株主、従業員、経営陣、債

190

権者、競合会社、消費者、地域社会、取引企業、行政機関、などが含まれます。ステークホルダーは、株主以外の利害関係者と定義される場合もあります。倫理的に経営責任を果たすためには、ステークホルダー全般に対して細やかに配慮すべきであるというステークホルダー理論があります。すなわちこの理論は、ステークホルダーに適切に配慮することがCSRという立場です。

8　環境経営の推進

（1）環境経営と環境倫理

　企業が存続するためには、環境倫理を取り入れる必要があります。「環境配慮促進法」は、独立行政法人等の特定事業者に環境報告書の作成・公表を義務づけ、大企業にも努力義務を課しています。そのため、理想科学工業やイオンなどは、環境報告書を作成してホームページで公開しています。

　世界標準経営として、グリーン調達などが必須となっています。環境省は、グリーン調達を「納入先企業が、サプライヤーから環境負荷の少ない製商品・サービスや環境配慮等に積極的に取り組むこと」と定義しています。同省は、環境的側面ばかりでなく、雇用確保、児童労働や貧困の根絶の必要性から、社会的な側面への配慮も求めています。

環境経営に関しては、資金調達のために発行する債権として環境改善事業に資金使途を限定するグリーンボンドや海洋保護事業に資金使途を限定するブルーボンド、地球環境及び社会課題解決に使用使途を限定するサステナビリティボンドがあります。これらに対する投資はそれぞれ、グリーンファイナンス、ブルーファイナンス、サステナブルファイナンスと呼ばれます。

（2）エコ・コミュニケーション

エコ・コミュニケーションとは、企業が社会とのよい関係を構築する際に、エコロジー（自然や環境にやさしい社会の実現に向けた学問である生態学）の視点から情報開示や発信をすることで、以下の3つの理念をもつことが必要です。

1つは、時間の超越です。これは、自分たちの世代だけでなく、孫子の世代までも考えて環境問題に取り組む必要があることを意味します。次は空間の超越です。これは、国内だけでなく、地球全体を考えなければならないということです。最後は、種の超越と呼ばれるものです。エコロジーは、あらゆる動植物の保存が前提とされることです。

生物多様性は、3つの多様性すなわち、生態系、種「種間」、種内「遺伝子」があり、また3つの危機、すなわち、人間活動「開発・乱獲」による種の減少・絶滅、里山の手入れ不足による自然の質の低下、外来種や化学物質の影響による生態系の乱れに直面しています。

（3） 環 境 効 率
エコ・エフィシェンシー

これは、廃棄物や汚染を減らし、エネルギーや原材料の使用を減らしながら、より少ない投入でより多くの産出を追求することです。

環境効率の代表として3Rがあります。最初のRは、削減です。これは、ごみの削減、梱包資材の削減など、製品の製造から廃棄に至るまでの環境汚染につながるものの削減を目的としています。次のRは、再利用です。たとえば、封筒やダンボールなどを現状のまま再利用することです。最後のRは、再生利用です。ガラスや紙などの製品を元の素材に戻して再利用します。

リデュース
リユース
リサイクル

（4） 環境会計

環境会計とは、環境経営に必要な環境費用と収益の結果である環境損益の計算と管理を行うことで、大きく外部環境会計と内部環境会計に分けられます。外部環境会計は、投資家や消費者など外部の情報利用者のために、内部環境会計は、管理者や従業員などの内部の情報利用者のために提供される環境情報です。

外部環境会計では、環境報告書、CSR報告書、財務報告書などが対象になります。内部環境会計では、原材料やエネルギーなどの資源の生産性を会計に導入するもので、廃棄物の

コストを算出するマテリアルフローコスト会計が含まれます。

（5）　環境監査

　環境監査は、1970年代のアメリカにおいて、化学工業など環境への負荷が大きい産業部門が広範囲にわたる環境規制に適合しているかどうかを評価する手法として開発されました[24]。アメリカでは内部監査が中心ですが、ヨーロッパでは外部監査が主流になります。内部監査は、社内で行う監査であり、外部監査は、外部の第三者機関を活用して環境監査を行うものです。

（6）　CO_2削減社会

　環境省は、2050年までに脱炭素社会（カーボンニュートラル）を実現する目標を掲げています[25]。具体的には、テレワークなどのデジタル化、カーシェアリングなどの循環経済（サーキュラーエコノミー）、そして「地球温暖化対策の推進に関する法律」による企業の排出量情報のデジタル化・オープンデータ化の推進などが進められています。

　大企業は、自社による温室効果ガスの直接排出（スコープ1）、他社から供給された電気、熱、蒸気の使用に伴う間接排出（スコープ2）ばかりでなく、自社の活動に関連する他社の排出（スコープ3）まで管理する経済社会システム全体の変革（GX）（グリーントランスフォーメーション）が求められています。

194

以上のほか、CO₂に関して知っていた方がよいと思われる事項は、以下のことです。

① カーボンプライシング

カーボンプライシングとは、炭素に価格を付け、排出者の行動を変容させる政策手法です。それには、温室効果ガス排出に応じて課税する炭素税、排出量に限度を設け、過不足分を取引で相殺する国内排出量取引、CO₂削減価値を証券化して取引するクレジット取引、企業が独自に炭素価格を設定するインターナルカーボンプライシング、国際機関による市場メカニズムがあります。[26]

たとえば、「地球温暖化対策のための税」では、CO₂排出量1トンあたり289円となっています。

② 炭素の足跡（カーボンフットプリント）

カーボンフットプリントは、商品の一生（原料調達から廃棄・リサイクル）までに排出されるCO₂量を商品に表示する仕組みです。

③ ライフサイクルアセスメント

これは、製造から廃棄までの環境負荷を測定して評価するものです。

④　カーボンディスクロージャー・プロジェクト

イギリスのNPO、カーボンディスクロージャー・プロジェクトは、「気候変動」、「水」、「森林」の3つを、サプライチェーンという観点で改善していくために「サプライチェーン報告書2020」を公表しています。[27]。日本は、日本通運など83社が優秀企業に選定されました。

⑤　カーボン利益率（ROC）
　　リターン・オン・カーボン

カーボン利益率は、いかに少ない温室効果ガスでどれくらいの利益を出しているかを表す経営指標です。企業が生み出す営業利益を、その企業が排出する温室効果ガスの総量で割り算した値で示されます。

⑥　炭素相殺
　　カーボンオフセット

カーボンオフセットは、最初に温室効果ガスの排出の削減努力を行い、削減できなかった排出量に見合った温室効果ガスの削減活動に投資すること等により、排出される温室効果ガスを埋め合わせる活動です。環境省は、排出削減・吸収量をオフセット・クレジットとして認証しています。

【註】

(1) 帝国データバンク資料館・産業調査部編『百年続く企業の条件：老舗は変化を恐れない』朝日新書、2009年、29－35頁。

(2) Ford, *op. cit.*, pp. 24-25.（同前訳書、61頁）。

(3) David A. Aaker and George S. Day, eds, *Consumerism: Search for the Consumer Interest*, The Free Press, 1971. pp. 24-25.（谷原修身・今尾雅博・中村勝久訳『コンシューマリズム：消費者の利益のために・第4版』千倉書房、1984年、25－32頁）。

(4) 「近江商人と三方よし─伊藤忠商事株式会社」(https://www.itochuco.jp/ja/about/history/oumi.html)

(5) https://www.hochiki.co.jp/corporation/csr/compliance/

(6) Richard L. Daft, *Management*, 10th ed. South-Western, Cengage Learning, 2012, p. 122.

(7) Daft, *op. cit.*, pp. 136-137. 参照。

(8) https://www.worldsmostethicalcompanies.com/honorees/

(9) 日本経済新聞「ESG企業のブランド力に寄与」2019年、8月12日、朝刊。

(10) 日本経済新聞「ESG、静かなデータ革命」2021年7月5日、朝刊。

(11) https://www.unic.or.jp/files/sdg_poster_ja_2021.pdf

(12) http://www.env.go.jp/policy/sdgs/guides/SDGsguide-honpen_ver2.pdf

(13) 出口正之『フィランソロピー：企業と人の社会貢献』丸善、1993年、4頁。

(14) https://www.bunka.go.jp/seisaku/geijutsubunka/mecenat/award/pdf/93783901_01.pdf

(15) John Elkington and Pamela Hartigan, *The Power of Unreasonable People: How Social Entrepreneurs Create Market that Change the World*, Harvard Business School Press, 2008, p.2 and p. 199.（関根智美訳『クレイジー

（16）パワー...社会起業家——新たな市場を切り開く人々』英治出版、二〇〇八年、20頁及び298頁）。

（17）https://www.oxfam.org/en

（18）https://www.afpbb.com/articles/-/3349806?cx_part=search

（19）入山章栄、前掲書、239−247頁。

（20）Milton Friedman, *Capitalism & Freedom*, The University of Chicago Press, 1962, p.34 and p. 133.（村井章子訳『資本主義と自由』日経BP社、二〇〇八年、84−85頁及び248−249頁）。

（21）Tom L. Beauchamp and Norman E. Bowie, eds. *Ethical Theory and Business*, 2nd ed. 1983, p. 57.（加藤尚武監訳『企業倫理学Ⅰ...倫理的原理と企業の社会的責任』晃洋書房、二〇〇五年、79頁）。

（22）https://www.env.go.jp/policy/env-disc/com/com_pr-rep/rep-ref06.pdf

（23）柴田英樹・梨岡英理子『進化する環境会計（第2版）』中央経済社、二〇〇九年、28頁及び113頁。

（24）鈴木幸毅編『環境マネジメントシステムと環境監査』税務経理協会、二〇〇三年、3−4頁及び26頁。

（25）https://www.enecho.meti.go.jp/committee/council/basic_policy_subcommittee/039/039_005.pdf

（26）https://japan.cdp.net/

（27）https://www.env.go.jp/earth/ondanka/cp/index.html

 Jeffrey Pfeffer, *Dying for a Paycheck: How Modern Management Harms Employee Health and Company Performance—and What We Can Do About It*, Harper Collins, 2018, p. 3.（村井章子訳『ブラック職場があなたを殺す』日本経済新聞社、二〇一九年、8−9頁）。

第11章 NPO

1 NPO（非営利組織）とは何か

NPOとは、営利追求を目的としない組織です。わが国では、障害者の雇用や若者のキャリア教育、ホームレス支援などの難しい問題を解決していく組織のうち、約5割がNPOとなっています。NPOは企業ではありませんが、将来営利企業に転換することも考えられます。

NPOの有名な定義は、レスター・サロモンによって定められた以下のものです。

NPOとは、「①公式のもの、②民間のもの、③利益分配をするものではない、④自主管理、⑤自主的な意思によるもの、⑥公共の利益のためのものである」[1]。

この定義で最も重要なことは、利益の分配をしないという点です。これを非分配原則と言います。利益はどんなに潤沢であっても、その儲けを出資者や組織構成員で分配しないことがNPOの特徴です。

アメリカでは、NPOは税制優遇上の概念であり、州によってその規定はまちまちである

199

ことに注意が必要です。わが国では、NPO法で認められた法人をNPO法人と呼びます。

これに対し、日本のNGO（ノンガバメンタルオーガニゼーション非政府組織）のネットワークづくりをしている

JANICによれば、NGOは「貧困・飢餓や紛争、環境破壊や災害など世界で起こっていジャニック

るさまざまな課題に、政府や国際機関とは異なる「民間」の立場から、利益を目的とせず取

り組む市民団体」と定義されていて、国際的に活動している組織を指します。

2　NPO法人の設立

　NPO法人を設立するためには、以下の要件を満たして、都道府県又は内閣府の認証を

得て登記する必要があります。すなわち、①特定非営利活動を行うことを主たる目的とす

ること、②営利を目的としないものであること、③社員の資格の得喪に関して、不当な条

件を付さないこと、④役員のうち報酬を受ける者の数が、役員総数の3分の1以下である

こと、⑤宗教活動や政治活動を主たる目的とするものでないこと、⑥特定の公職者（候補

者を含む）又は政党を推薦、支持、反対することを目的とするものでないこと、⑦暴力団

又は暴力団、もしくはその構成員、もしくはその構成員でなくなった日から5年を経過し

ない者の統制の下にある団体でないこと、⑧10人以上の社員を有するものであることの、

NPO法に規定する欠格事由に該当しないことです。

NPOは、設立費用はゼロで、収益事業を行う場合には法人税等が課税されます。根拠法は特定非営利活動促進法で、設立目的は20分野の非営利事業への従事に限定され、会員の出資はできません。20分野とは、①保健、医療又は福祉の増進を図る活動、②社会教育の推進を図る活動、③まちづくりの推進を図る活動、④観光の振興を図る活動、⑤農山漁村又は中山間地域の振興を図る活動、⑥学術、文化、芸術又はスポーツの振興を図る活動、⑦環境の保全を図る活動、⑧災害救援活動、⑨地域安全活動、⑩人権の擁護又は平和の推進を図る活動、⑪国際協力の活動、⑫男女共同参画社会の形成の促進を図る活動、⑬子どもの健全育成を図る活動、⑭情報化社会の発展を図る活動、⑮科学技術の振興を図る活動、⑯経済活動の活性化を図る活動、⑰職業能力の開発又は雇用機会の拡充を支援する活動、⑱消費者の保護を図る活動、⑲前各号に掲げる活動を行う団体の運営又は活動に関する連絡、助言又は援助の活動、⑳前各号に掲げる活動に準ずる活動として都道府県又は指定都市の条例で定める活動です。

内閣府によれば、2022年6月の認証NPO法人数は、50、666、認定NOP法人数は849となっています。NPOうち、一定の基準を満たすもので、所轄庁の認定を受けた法人は、認定NPO法人となります。認定NPO法人になると税制上の優遇措置を受けることができます。認定の有効期間は、認定の日から5年間ですが、更新できます。

3 広義のNPO法人

非営利組織には、NPO法に基づくNPO法人格をもたないものがあります。広義のNPOに含まれ、設立や運営に行政の許可・認可を得る必要がある組織には次のようなものがあります。

（1）公益法人

公益法人には、民法で規定された「祭祀（さいし）、宗教、慈善、学術、技芸（ぎげい）その他交易に関する活動」を根拠にした法人である社団法人と財団法人、その他の特別法で設立された学校法人、社会福祉法人、宗教法人、医療法人などがあります。

公益社団法人と公益財団法人は、公益目的事業の費用の比率が全体の50％以上である等の要件を満たさなければなりません。これらは、対外的に法人を代表するとともに意思決定を行う理事と監査を担当する監事を置く必要があります。

学校法人は、私立学校を設置運営する主体です。学校に必要な施設、設備又は資金並びにその経営に必要な財産などを審査したうえで、私立高等学校以下の学校のみを設置する学校法人の場合は都道府県知事が認可します。私立大学及び私立高等専門学校を設置する学校法

人については文部科学大臣が認可します。いずれもあらかじめ大学設置・学校法人審議会又は私立学校審議会の意見を聞かなければなりません。

社会福祉法人は、社会福祉法を根拠とするもので、保育所、老人福祉施設、児童福祉施設、知的障害者援護施設、身体障害者更生援護施設、保護施設、母子福祉施設の運営などの社会福祉事業を行うことを目的としています。小規模法人の経営基盤を強化するため、社会福祉事業に取り組む社会福祉法人やNPO法人等を社員として、相互の業務連携を推進する社会福祉連携推進法人制度が創設されています。

宗教法人は、宗教の教義を広め、儀式行事を行い、信者を教化育成することを主たる目的とする団体です。認可されるためには、「宗教団体であることを証する書類」を提出し、所轄省でそれが認められると、規則の認証を受け、設立登記をすることで宗教法人となります。

医療法人は、医療法で「病院、医師もしくは歯科医師が常時勤務する診療所又は介護老人保健施設を開設しようとする社団又は財団」を意味します。医療法人は、法人格が与えられることで、医療の永続性を可能にします。財産の寄付に基づいて設立される場合、財団となります。主として公的医療機関が行う事業（救急医療、へき地医療、産前産後の周産期医療、小児医療）を担う医療法人は、社会医療法人に移行でき、医療の普及及び向上、社会福祉への貢献その他公益の増進に著しく寄与し、かつ、公的に運営されていると国税庁長官に

承認された場合は、特定医療法人となります。

（2）共益団体

共益団体は、法人税法によって、「その社員（会員）から受け入れる会費により当該会員に共通する利益を図るための事業を行う法人であってその事業を運営するための組織が適正であるもの」と定義されています。共益団体は、①会員に共通する利益を図る活動を行うことを目的としていること、②定款等に会費の定めがあること、③主たる事業として収益事業を行っていないこと、④定款に特定の個人又は団体に余剰金の分配を行うことを定めていないこと、など7つの要件をすべて満たさなければなりません。

共益団体は、利益を目的とはせず、共益を目的とすることから、非営利組織の範疇に入れられます。例として、森林組合、労働組合、経済団体、LLPなどがあります。また、以下のような組織もあります

（3）民法組合（任意組合）

この組合は、複数の当事者、当事者たる組合員による出資、特定の共同事業を営む目的、組合の成立を約することがあることによって設立でき、自由なルールで運営が認められています。無限責任で、設立費用と法人税はありません。農家による生産組合などが例です。

204

（4）協同組合

協同組合は「中小企業等協同組合法」に基づく法人で、共通する目的を図るために協同して組織する団体で、事業協同組合や火災共済協同組合などがあります。生産や販売に関する共同事業や組合に対する事業資金の貸付、火災共済事業などを行います。個人で構成される消費生活協同組合（生協）や農業協同組合（農協）は、これとは法律による規定が異なる点で注意を要します。

（5）共済組合

国家・地方公務員等を対象として一般の社会保険と同等の給付を行うための組織で、市町村職員共済組合、私立学校教職員共済組合、農林漁業団体共済職員組合などがあります。

4 NPOの存在意義

NPOの存在の意義には、次のようなものがあることが指摘されてきました。

（1）市民運動の恒常化

NPOは、環境問題、福祉、教育といった分野で、政府や企業に代わる第三の部門として

大きな役割を果たしています。欧米では長い歴史があり、21世紀は「市民の時代」と言われていて、市民運動の恒常化をこの組織が担うと指摘されています。

（2）「市場の失敗」「政府の失敗」「契約の失敗」

NPOは、経済学的に「市場の失敗」、「政府の失敗」と「契約の失敗」を補完するために成立すると考えられています。多くの人が同時に消費できる財・サービスである公共財は、ただ乗りを排除できない（非排除性）ために、企業は、ニーズはあっても生産を見合わせます。その結果、そうした公共財の供給を市場にゆだねても、需要に応じられるほどには供給されません。それを「市場の失敗」と言います。

「政府の失敗」は、公共財に対する需要の多様性が進んでいることに由来します。政府が供給している公共サービスだけでは満たされないニーズが存在します。そのニーズを満たす組織の1つがNPOとなります。完全な政府は難しいということです。

患者と医師では、病気や治療に関する情報の量や質がまったく違うので、患者は診断や治療を医師にゆだねなければなりませんが、これを「情報の非対称性」と呼びます。ミッション志向の非営利組織と利益志向の企業とを比較すると、人々は非営利志向の組織を信用するのです。契約された財とサービスの質と量を測定するのが困難な場合があり、その場合、市場経済が正しく機能しないことによって「契約の失敗」となり、非営利組織を信用すること

206

が起こります。

5　企業とNPOのパートナーシップ

　NPOの活動は、企業活動が社会にもたらすさまざまな弊害やゆがみを是正することが主たる目的でした。しかし近年、NPOは、企業を事業活動や社会貢献活動のパートナーとして協調路線を選択するようになりました。

　協調路線をとる場合、NPOは企業から資金、技術、人材、経営ノウハウの提供などの支援を受けるのに対して、企業は、NPOのもつ非営利性、市民性、公共性に基づいた監視、政策提言、評価及び協力を受け入れることによって、双方のコラボレーションが成立します。たとえば、ANAやファミリーマートなどは、NPOと連携して地域創成や国内外の次世代に向けたプログラム提供及び支援を実施しています。

6　NPOのマーケティング

　NPOにマーケティングの手法を取り入れることを提案したのは、フィリップ・コトラーです。コトラーは、非営利組織もその使命を決定する組織の環境と特有のマーケティング活

動を理解しつつ、民間部門から生まれた最新コンセプトと技法、とりわけ顧客中心マーケティング・マネジメントの特性を認識し、活用すべきであるとして、以下のような技法を提案しています。

① 戦略的マーケティング計画（組織が行うべき戦略的計画の見通しの基本的方向性の決定）

② ターゲット顧客行動の理解（対象者の行動、利得、苦痛や犯罪などのコスト、他者による影響、自己効力期待の理解）

③ マーケティング情報の収集と活用（市場の特徴を描写し、説明し、予測するためのマーケティング調査）

④ セグメンテーション、ポジショニング、ブランディング（年齢、地理的位置、婚姻関係などでターゲット顧客を細分化し、組織と提供物の位置づけであるポジショニング、そして、このポジショニングをマネジメントする手段として、認知的、感情的要素を含むブランド構築や再構築）

7 NPOの問題

NPOは、明確な戦略が打ち出せない、事業遂行能力が不十分、恒常的な収入不足、従業員に十分な報酬が支払えないなどの問題を抱えていると言われています。

ピーター・ドラッカーは、非営利組織の管理のための提言をしています。ドラッカーが扱っている非営利組織は、NPOだけではなく、行政や公益法人までも視野に入れていて、営利組織にもあてはまる指摘があります。そのうちのいくつかは、以下の通りです。

① 具体的な行動目標である「使命」を設定する。この使命の表現には、「何が機会であり、ニーズであるか」、「成果を上げる能力を有しているか」、「本当に信念をもってやれそうか」の3つが示されなければならない。この使命は絶えず見直さなければならない。

② リーダーは、人材と資金という資源の配分を責任をもって行わなければならない。

③ 非営利組織にとっては、マーケティング戦略が、第一の基本的な戦略である。市場に関する十分な知識を蓄え、顧客であるコミュニティに対して、いかにサービスを届け、サービスを提供するために必要とする資金をいかに入手するかが戦略として策定

ドラッカーは、こうした非営利組織の成果を量るために、自己評価のためのワークブック[6]を作成しているので活用してください。

⑤　意味がなくなる。

い。そうでなければ、ボランティアだけでなく、有給のスタッフも非営利組織で働くな

人のマネジメントについては、何かに貢献していることを明らかにしなければならな

④　寄付者に対して成果を示さなければならない。

されなければならない。

【註】

（1）Lester M. Salamon, *America's Nonprofit Sector: A Primer*, The Foundation Center, 1992, pp. 6-7.（入山映訳『米国の「非営利セクター」入門』ダイヤモンド社、一九九四年、21-23頁）。

（2）雨森孝悦『テキストブックNPO：非営利組織の制度・活動・マネジメント』東洋経済新報社、二〇〇七年、117-120頁。

（3）Kenneth. J. Arrow. "Uncertainty and the Welfare Economics of Medical Care", *The American Economic Review*, 53. No.5, December 1963, pp. 941-973.（この論文では情報差異 (the informational inequality) という言葉が用いられています）。

（4）Philip Kotler and Alan Andreasen, *Strategic Marketing for Nonprofit Organizations*, 4th ed., Prentice-Hall, Inc., 1991.

(5) Peter F. Drucker, *Managing the Nonprofit Organization: Principles and Practices*, Harper Collins Publishers, 1990. (上田惇生・田代正美訳『非営利組織の経営：原理と実践』ダイヤモンド社、1991年)。

(6) Peter F. Drucker Fundation for Nonprofit Management and Gary J. Stern, *The Drucker Fundation Self-Assessment Tool Process Guide*, Jossey-Bass, 1998. and Peter F. Drucker and Gary J. Stern, *The Drucker Fundation Self-Assessment Tool Process Guide (SAT II) Set*, Jossey-Bass, 1998. (田中弥生監訳『非営利組織の成果重視マネジメント：NPO・行政・公益法人のための [自己評価手法]』ダイヤモンド社、2000年)。

第12章 コーポレートガバナンス

1 コーポレートガバナンスとは何か

　コーポレートガバナンスとは、会社統治あるいは企業統治と訳されていて、会社の不正行為を防止し、事業の持続的向上を確保するための仕組みのことで、株主、取締役会、上級経営者、従業員、その他のステークホルダー間の関係の在り方を意味します。内閣府は、企業統治に関する事項として、会社の機関の内容、内部統制システムの整備の状況、リスク管理体制の整備の状況などを例示しています。

　コーポレートガバナンスが、企業の従業員が豊かな暮らしを続けたり、企業のコミュニティが安定したり、顧客が新しい供給者をみつける必要があるなどの点にも影響をもたらしたために、経営者は企業を誰のためにどのように管理するか、あるいは経営者の権力に対する監視と制御が問題となったため注目されるようになりました。[1]

　東京証券取引所（JPX）は、企業統治指針コーポレートガバナンスコードを定めています。このコードは、基本原則として①株主の権利・平等性の確保、②株主以外のステークホルダーとの適切な協働、③適

212

切な情報開示と透明性の確保、④取締役会等の責務、⑤株主との対話について定めています。原則の中には、社会・環境問題をはじめとするサステナビリティや女性の活躍促進を含む社内の多様性の確保についても定められています。JPXは、上場企業に「コーポレートガバナンスに関する報告書」の提出を義務づけています。この報告書は、「コンプライ・オア・エクスプレイン」で作成され、場合によっては「実施しない理由を十分に説明」しなければなりません。

イギリスなどでは、取締役会の秘書・アドバイザーであるカンパニー・セクレタリーがコーポレートガバナンス実務を担当しています。経済産業省は、カンパニー・セクレタリーのような対外的に一元的な窓口を設置するよう求めています。[2]

以下において、コーポレートガバナンスに関連する研究結果をいくつか紹介しておきたいと思います。

2　バーリとミーンズの研究

アドルフ・バーリとガーディナー・ミーンズは、会社が、出資者である株主ではなく、所有者以外の専門経営者によって支配されていることを明らかにしました。[3]かれらは、アメリカ非金融200社を対象に筆頭株主の持株比率を中心として調査し、会社数の65%、その総

合的富の80％は、経営者もしくは法律的手段方法のいずれかによって支配されているとされました。

バーリとミーンズは、会社が大きくなると公的なものになるべきであるとするガバナンスのあり方を提案しました。ホンダやパナソニックの創業者は、会社を公器と考えていました。本田宗一郎氏は子供をホンダに入社させなかったことで有名です。

3　経営者支配論の展開

バーリとミーンズ以外に経営者支配論として代表的なものはジェームズ・バーナムの経営者革命論です。バーナムは、「資本主義的、ないしはブルジョワ的と呼ばれる型の社会から、われわれが経営者的と呼ぶ型の社会への移行」を経営者革命と名づけました。資本主義でも社会主義でも、事実社会を支配しているのは経営者であると指摘しました。[4]

4　銀行・金融支配論の展開

以上のように、コーポレートガバナンスの趨勢は、出資者自身による経営から、専門経営者に会社の運営を任せるようになりました。その理由は、巨大化した組織に必要な権限委譲

をするためや、専門家に任せたほうが高い利益を得られることなどのためでした。しかし、その後、デビッド・コッツの研究に代表される借入金の増大などに伴う銀行・金融支配論が登場しました。コッツは、1967年から1969年までの非金融大手企業200社で金融支配が生じていることを明らかにしました。[5]

規模の拡大に伴い、専門経営者への依存は必然的ですが、金融支配にならないように注意しなければなりません。

5　諸外国のコーポレートガバナンス

ここで、諸外国とりわけ代表的な数カ国のガバナンスのうち、アメリカ、イギリス及びドイツの特に制度面についてみておきましょう。なぜなら、中小企業ほど海外に出て行ったほうがよい場合もあるからです。

（1）アメリカのコーポレートガバナンス

アメリカでは、1970年代から企業の株主として年金基金、投資信託、保険会社、銀行の信託部門、財団などの機関投資家が台頭しました。最初はウォールストリート・ルールに従ってそれらの投資家は行動していましたが、投資金額の巨額化は、一斉売却が株価下落を

招くので簡単に売却できなくなりました。ウォールストリート・ルールは、気に入らない株はすぐ売ってしまうことを意味します。このルールは、イギリスでは、「シティ」ルールと呼ばれます。

こうして投資金額が巨額化すると、機関投資家は、個別銘柄の投資リスクを平均化するため、ダウ平均株価やS&P500チャートなどの株価指数と同じ動き、同じ収益率を目指す運用方針である「インデックス運用」を求めました。驚くことに、2018年6月までの15年間に米国の大型株でファンドマネジャーが自らの腕で勝負する「アクティブ運用」の92％は、S&P500チャートの運用利回りを下回りました。[6] インデックス運用のほうがアクティブ運用より利回りが高かったのです。

ダウ平均株価は、アメリカのダウ・ジョーンズ社が発表している工業各部門の優良株30銘柄を対象とする平均株価指数で、株価の単純平均を算出したものです。また、S&P500チャートは、アメリカの投資情報会社であるスタンダード・アンド・プアー社が算出しているアメリカの代表的な株価指数で、ニューヨーク証券取引所、NASDAQに上場している銘柄から代表的な500銘柄の株価をもとに算出される時価総額加重平均型指数のことです。なお、日経平均株価は、東京証券取引所のプライム市場に上場する225銘柄を選定し、その株価を使って算出する株価平均型の指数です。

また、TOPIX（東証株価指数）は、1968年1月4日の時価総額を100として、

その後の時価総額を指数化したものです。

1974年には、「従業員退職所得保障法（エリサ法）」が成立し、機関投資家に受託者責任を定め、最善の投資効果をもたらすことが義務づけられました。これにより、機関投資家は、株の一斉売却が困難になったので、株価の維持と値上がり及び配当利回り向上を求めて、「物言わぬ株主」から「物言う株主」へと方向転換しました。これを株主行動主義と言います。

株主行動主義は、株主が企業の経営方法を変えようとする行動のことで、具体的には、経営陣に書面を送る株主提案、競合する取締役の選出、株主代表訴訟などです。この株主行動主義は、1990年代にリレーションシップ・インベストメント（RI）として進展しました。すなわち、当時「ウォールストリート・ルールからコーポレートガバナンス原則への転換」がなされ、機関株主が自らを単なる投資家（投機家）ではなく所有者としてみなし、大株主としての自分たちの影響力をより効果的にそして強力に行使しコーポレートガバナンスのあり方を意図的に変えていく態度を明確に示しはじめたのでした。こうした株主との対話活動は、投資家エンゲージメントプログラムと呼ばれます。

1970年代以降、株主と経営者の関係は、エージェンシー理論に基づき、所有者あるいは依頼人（プリンシパル）と代理人（エージェント）の関係とみなされ、エージェントである経営者は、従業員を犠牲にしても株主利益を実現しようとするようになりました。その結果、アメリカ企業の経営者の優先順

位は、第1位が株主、第2位が顧客、第3位が従業員というのが一般的になりました。この「エージェンシー理論」は、「会社を指揮する経営者の利益と、株主の利益の方向性を一致させなければならない。・・・何はともあれ、この理論こそが、経営者に非常に高額な業績連動型の報酬を与えている根拠なのだ⁽⁹⁾」と指摘されるように、アメリカの経営者高額報酬のもとになりました。

アメリカ型のトップマネジメントの組織は、受託者責任、説明責任及び抑制と均衡の原則に基づいて、株主総会、取締役会、業務執行役員の三者構成となっています。受託者責任とは、代理人としての責任です。抑制と均衡の原則とは、権力分立のことで、権力の均衡を守ることです。アメリカの取締役会は、年平均8か9回しか開催されないため、ほとんどの取締役会が内部委員会を通じて活動しています。

全員社外取締役で構成されることを義務づけられている監査委員会の役割は、会計監査人（監査法人）の選任と監督、会計監査、内部管理についての監査などです。指名委員会と報酬委員会も全メンバーが社外取締役で構成されます。報酬委員会は、CEO、COO、CFOなどの経営者報酬を決定し、もしくはその妥当性について審査し、その結果を取締役会に勧告します。指名委員会は、取締役、会長、CEOの候補者を推薦するとともに新規採用人事の検討や取締役会の評価を行います⁽¹⁰⁾。そのほか、業務執行委員会やコーポレートガバナンス委員会などが設置されています。

２００２年にエンロン事件をきっかけとしてサーベンス・オクスリー（ＳＯＸ）法が成立し、企業の不正会計を防ぐため、ＣＦＯ（チーフ・フィナンシャル・オフィサー最高財務責任者）に決算書の正確性を保障する署名を求め、監査委員会全員の社外取締役化や証券取引法違反の罰則強化などが義務づけられました。また、ＣＧＯ（チーフ・ガバナンス・オフィサー最高統治責任者）の役職を設ける企業が増え、取締役会の運営やコンプライアンスなどの統治改革を企業内部で進めています。これを参考に日本版Ｊ-ＳＯＸ（内部統制報告制度）法ができました。

（２）イギリスのコーポレートガバナンス

イギリスでは、大企業における株式分散は日米と比べると少なく、「経営者支配論とマルクス主義的な銀行支配論のいずれも支配される根拠がほとんどなかった」ことがこれまでの調査で示されています。

イギリスでも、ＣＥＯと取締役会長の分離、非執行取締役における社外取締役の増加、監査委員会、指名委員会、報酬委員会が設置されています。上場企業が守るべき行動を定めた規範集である企業統治指針（コーポレートガバナンス・コード）は、従業員の声を経営に取り入れることや役員報酬の透明性を求めています。

（3） ドイツのコーポレートガバナンス

ドイツの取締役会は、監査役会と、監査役が選任し業務執行を担当する執行役会を分離した二層制です。執行役と監査役のメンバーの兼任は禁止されています。

従業員2,001人以上の大規模な資本会社に適用されるのは「共同決定法」です。監査役会総構成人数は、相互保険会社（三分の一参加法適応）を除き、従業員1万人までは、資本側6名と労働者側6名の計12名、従業員数1万1人以上2万人までの会社では資本側8名と労働者側8名の計16名、そして従業員数2万1人以上の会社で資本側10名と労働者側10名の計20名となります。労働者代表監査役には、ライン部門で指導的地位にあるような管理層職員も含まれますが、彼らは、管理層でありながら経営陣には属さないことから、雇用関係上は被用者に分類されます。⑬

決定は、労使同数による決定が行われますが、「監査役会議長」は、資本側から選出され、議案に関する同数決議の場合には、議長が2票目の投票を行うことになっています。

従業員500人以上2,000名以下の企業を対象とする会社については、三分の一参加法で規定されています。同法では、労働者代表は、監査役会のメンバーの3分の1でよいことになっています。

220

（4） EUの欧州会社（SE）　※ソシエタス・ヨーロピア

　EUでは、独自の欧州会社法があり、これに基づいて欧州会社を設立することで、EU加盟各国固有の会社法とは別に、統一の会社法に基づいたEU全域の事業展開が可能になります[14]。この法律により、設立、登記、決算報告等の会社運営について、加盟国ごとの会社法に応じて手続きを変える必要がなく、欧州会社規則に準じて手続きをとることができます。また、一旦SEとして登記すれば、本社を別の加盟国に移転する場合も従来のようにそれぞれの加盟国で解散・新規設立手続きを行わないで済みます。BASFやSFPがSEになっていますが、これまでのドイツのガバナンスとは変わることになりました。

6　わが国のコーポレートガバナンス

　わが国においても専門経営者を活用するかしないかは、その後の事業展開に大きな影響を及ぼしました。たとえば、安田善次郎は、自己の情報網と自己の能力主導の事業展開を行った結果、高等教育を受けたブレーンや専門経営者の欠如をもたらし、そのことが金融以外の多角化事業を失敗に導き「安田家に人無し」[15]と言われました。それに対して、鈴木商店が多角化と規模拡大を成し遂げた理由は、最初の発展段階において大いに権限移譲を行った結果であると分析されています[16]。

今日のわが国におけるコーポレートガバナンスは、前述のように、指名委員会等設置会社、監査等委員会設置会社と従来型の取締役会との選択制のもとに行われています。それは、以下のように進展しました。

戦後、財閥解体によって大企業の経営者支配が一挙に実現しました。このとき、緊急対応的に社長になった人を補佐する目的で常務会が設置されることになりました。財閥解体により個人大株主を失ったこともあり、機関所有は戦後一貫して増加を続けました。そして、旧財閥の関係維持や買収防衛のため、株式の持ち合いなどによる企業グループが形成されました。

具体的には、富士銀行の芙蓉グループ、第一勧銀行の第一勧銀グループ、三井二木会の三井グループ、住友白水会の住友グループ、三菱金曜会の三菱グループ、三和銀行三水会の三和グループが6大企業グループとして形成され、銀行を中心とした系列が形成されました。また、これらの銀行は、メインバンクとして人的・資本的支援を行いました。

この6大グループは、今日、富士銀行、日本興業銀行や第一勧業銀行などが統合したみずほフィナンシャル・グループ、太陽神戸銀行、三井銀行や住友銀行などが統合した三井住友フィナンシャル・グループ、東京三菱銀行の三菱グループとUFJ銀行の三和グループが合併して三菱東京UFJ銀行が成立し、三菱UFJフィナンシャル・グループとなりました。

財閥解体の影響も大きかったと思われますが、それぞれの大企業を事実上支配してきたのは専門経営者でした。日本では、株式の持ち合いを通じて株式所有の安定化が図られたため

222

に、敵対的M&Aや株主行動主義を起こすのは困難でした。1990年代に50%程度であった株式の持ち合い比率は、2020年に8・7%（生命保険会社、損害保険会社による保有も含んだ広義持ち合い比率は13・1%）となっています。こうした政策保有株は、ガバナンスコードの抵触問題から低下傾向にあります。

90年代のバブル崩壊後に株式所有構造が変化しました。金融機関の持株比率の低下、株式持合の崩壊、外国人投資家の持株の増大が起こりました。国際競争が激化して、グループ内取引だけでは、コスト高になってしまったことが大きな理由でした。退職給付信託（退職給付のための投資）として拠出される政策保有株（みなし保有株）についても近年は削減の動きが出ています。

これまでの取締役会の問題点として、以下の点が指摘されます。

① 取締役会構成員のほとんどが業務執行も担当しました。

② 法律上の取締役規定とは異なり、代表取締役以外の平取締役においても、常務会の社長をもっぱら補佐する専務や、専務の下に位置して通常特定の職能を担当しながら社長を補佐する常務といった序列が、取締役会の中にありました。

③ 社外取締役は、少数派でした。

④ 取締役の人数は、多人数でした。

⑥ 次期社長を現社長が決定することが一般的でした。

⑤ 報酬は、自分たちで決めることができる場合もありました。

以上のような問題の反省として、欧米にみられるような執行役員制が導入されました。この導入により、以下のようなメリットが生まれました。

① 社外取締役が増加しました。たとえば、2022年現在、日立製作所は取締役会12人のうち、9人が社外取締役になっていて、そのうち5人が外国人で2人が女性となっています。これにより、多様な視点を経営に反映することで意思決定の質が高まり、監視機能も充実します。

② 社外取締役が入ることで、株主の意見が反映されやすくなります。

③ 意思決定と業務執行機能の分離は、不正防止に役立つばかりでなく、取締役の中の序列解消になります。

④ 決定と実行の分離は、取締役の人数を減らすことができます。

⑤ 委員会制度により、株主にとって望ましい取締役を選任できます。

⑥ 委員会制度により、株主にとって望ましい報酬額におさえられます。

指名委員会等設置会社と監査等委員会設置会社の創設は、監査役設置会社のガバナンスのあり方に今後とも影響を及ぼすと考えられます。

7　株主代表訴訟

　株主は、会社に損害を与えた取締役や監査役などの経営者に対して法的責任を追及するため、会社を代表して訴訟を起こすことができます。これを株主代表訴訟と言います。訴訟手数料は、一律13,000円です。

　訴訟費用が低額なので、経営者は、些細なことでも訴えられる可能性があります。また、高額の責任を負わされた場合、支払できない場合もあると考えられます。そのため、会社は、役員との補償契約や会社役員賠償責任保険（D&O保険）に関する規定を整備しておかなければなりません。

　このように経営者は、慎重な経営を行うばかりでなく、株主に対して十分な説明責任を果たさなければなりません。

【註】

（1）Mark J. Roe, *Strong Managers, Weak Owners: The Political Roots of American Corporate Finance*, Princeton

（2） 経済産業省「コーポレート・ガバナンス・システムに関する実務指針（CGSガイドライン）」（https://www.meti.go.jp/press/2018/09/20180928008/20180928008-1.pdf）。

University Press, 1994, p. vii and p. 235.（北條裕雄・松岡順介監訳『アメリカの企業統治：なぜ経営者は強くなったか』東洋経済新報社、1996年、xvi及び301頁）。

（3） Adolf A. Berle, Jr. and Gardiner C. Means, *The Modern Corporation and Private Property*, The Macmillan company, 1933, p. 94.（北島忠男訳『近代株式会社と私有財産』文雅堂銀行研究社、1957年、117頁）。

（4） James Burnham, *The Managerial Revolution*, Indiana University Press, 1962, p. 71.（武山泰雄訳『経営者革命』東洋経済新報社、1945年、76頁）。

（5） David M. Kotz, *Bank Control of Large Corporations in the United States*, University of California Press, 1978, pp. 101-102.（西川忠範訳『巨大企業と銀行支配：現代アメリカ企業と支配構造』文眞堂、1982年、107－108頁）。

（6） 日本経済新聞「インデックス投信に革命」2019年1月22日、朝刊。

（7） Kenneth A. Kim, John R. Nofsinger, and Derec J. Mohr, *Corporate Governance*, 3th ed., Prentice-Hall, Inc., 2010, pp.95-107.

（8） 宮坂純一『ステークホルダー主義と企業社会』晃洋書房、2005年、8－9頁。

（9） Freek Vermeulen, *Business Exposed: The Naked Truth about What Really Goes on in the World of Business*, Financial Times Prentice Hall, 2010, p. 110.（本木隆一郎・山形佳史訳『やばい経営学』東洋経済新報社、2013年、156頁）。

（10） 日本貿易振興会海外調査部「米国の企業統治調査報告書」2003年7月（http://www.jetro.go.jp）。

（11） ジョン・スコット、仲田正樹・長谷川治清『企業管理の国際比較：英米型と日本型』中央経済社、1993年、32頁。

（12） 日本経済新聞「英、企業統治「従業員重視」に」2018年8月23日、朝刊。

(13) 石塚史樹『現代ドイツ企業の管理職層職員の形成と変容』明石書店、2008年、9頁。

(14) https://www.mofa.go.jp/mofaj/area/eu/se_statute.html

(15) 寺西重郎稿「安田善次郎：細心・怜悧な銀行家」日本経済新聞社編『日本の経営者』日本経済新聞社、2009年、23−36頁。

(16) 加護野忠男稿「金子直吉：現場主義の分権経営」同上書、93−106頁。

(17) https://www.meti.go.jp/shingikai/sankoshin/shin_kijiku/pdf/006_03_00.pdf

(18) 日本経済新聞「持ち合い株解消 最後の砦」2022年1月21日、朝刊。

第13章　企業結合

1　事業展開の方向

　企業が事業展開を図る方向は、同じ事業を増やすことで既存事業の拡大を図る水平的展開、生産から販売に至るまでなどの既存事業の関連分野への拡大を図る垂直的展開、異分野事業への展開を図る多角化展開があります。関連分野の事業展開の例として、吉野家、ワタミ、サイゼリヤ、モスフードサービス、セブン＆アイ・ホールディングス、イオンなどの農業参入があります。

　多角化戦略の代表的なモデルは、ボストン・コンサルティング・グループ（BCG）によって開発されたポートフォリオ戦略です。ポートフォリオは、もともとは有価証券の最適組み合わせを求めるモデルでしたが、今日では、事業や製品の組み合わせを求める事業ポートフォリオや「製品ポートフォリオ・マネジメント（PPM）」として広く活用されるようになりました。つまり、いろいろなビジネス分野を総合したシステムと考え、各分野がそれぞれ戦略的特徴を備えて、個々の事業の役割・貢献を短期、中期、長期にわたってバランス

図表 13 − 1　プロダクト・ポートフォリオを
考えるための４象限

市場成長率	高	花形製品	問題児
	低	金のなる木	負け犬
		高	低

相対的マーケット・シェア

出所：Ｊ・Ｃ・アベグレン＋ボストン・コンサルティング・グループ編著
『ポートフォリオ戦略：再成長への挑戦』プレジデント社, 1977 年, 71 頁。

することにより、全体的に企業の長期的目標を達成しようとします。ＰＰＭは、図表13－1に示されるように、市場成長率と相対的マーケット・シェアを用いた４象限で戦略的立場を決定するものです①。４象限の意味は次のとおりです。

① 花形製品（高成長分野で相対的に高いマーケット・シェアを占めている製品）

② 金のなる木（相対的マーケット・シェアが高い反面、成長率の低い製品）

③ 負け犬（成長率も低く、相対的マーケット・シェアも低い製品）

④ 問題児（高成長期の製品ではあるが、相対的マーケット・シェアが低い製品）

ＰＰＭのポイントは、４象限の１つだけにとらわれることなく、適切に製品の分散が必要だということです。また、この負け犬と思われていた、扇風機が急に売れたりします。

ポートフォリオは「選択と集中」戦略を選ぶ際の分析枠にもなります。

2 子会社・関連会社・分社化

事業展開にあたっては、会社が自ら横や縦あるいはランダムに規模拡大していく方法もありますが、いずれの場合も子会社や関連会社をつくり拡大していく方法があります。

子会社は、親会社が発行株式の50％以上の株式を引き受けている会社で、関連会社は、20％以上50％以下の株式を当該会社が所有する会社を意味します。子会社は、通常、連結子会社と呼ばれます。親会社の連結財務諸表の対象となる子会社である場合が多いからです。

トヨタの場合、2022年では、子会社として、ダイハツ、トヨタ車体、トヨタファイナンスなど511社となっています。関連会社では、豊田通商、デンソー、アイシン精機、豊田自動織機、スバルなど156社となっています。

これに対して、意思決定の迅速化や利益責任の明確化、きめ細かい市場対応などを目的として分社化をする場合があります。分社化とは、社内の事業部を1つの法人として独立させることです。たとえば、トヨタホームはトヨタから分社化しました。

230

3 企業結合の種類

事業展開の方法としては、自力展開以外に、合併や買収という企業結合によっても可能です。企業結合の公正取引委員会の定義は、①水平型企業結合（同一の一定の取引分野において競争関係にある会社間の企業結合）、②垂直型企業結合（たとえば、メーカーとその商品の販売業者との間の合併など、取引段階を異にする会社間の企業結合）、③混合型企業結合（たとえば、異業種に属する会社間の合併、一定の取引分野の地理的範囲を異にする会社間の株式保有など）となっています。

4 独　占

事業規模拡大に伴い、独占禁止法に抵触する場合があるので注意しなければなりません。独占禁止法は、一般消費者の利益の確保と国民経済の民主的で健全な発達の促進を目的としています。公正取引委員会によれば、独占禁止法違反事件で2022年度に延べ31の事業者に対して、課徴金21億8,026万円の課徴金納付命令が行われました。[2]早期に違反行為をやめた場合は課徴金減額制度がありますが、繰り返した場合などは50％加算されます。コン

プライアンス経営は、結局会社を守ることになります。

独占の形態として、次のものがあります。

① カルテル

カルテルは、複数の企業が連絡を取り合い、商品やサービスの価格や生産数量などを共同で取り決める行為を「カルテル」と言います。カルテルは、違法行為となる「ハードコア・カルテル」と違法行為となるとは限らない「非ハードコア・カルテル」とに分けられます。

ハードコアに含まれるのは、価格カルテル、数量制限カルテル、設備制限カルテルです。非ハードコア・カルテルには、特許を共同で使用する特許カルテル、特定製品に限定する製品制限カルテル、販社などを通して行われる割当カルテルがあります。

独占禁止法違反になる行為として、以下のものが含まれます。第1は、入札談合で、入札者間で落札者を決めたり落札価格を決めたりすることです。独禁法違反のほか談合罪に処せられます。また、天下り先の提供などを求めて行政が主導する官製談合の場合、官製談合防止法で処罰されます。第2は、「国際カルテルへの参加禁止」で、国内の事業者と海外の事業者の間でそれぞれの商品をお互いの国に輸出しないという市場分割カルテルなどがあげられます。

また、その他の不公正な取引方法として、①特定の事業者に対する「取引拒絶」、②取引

先や販売地域に対する「差別対価・差別取扱い」、③「不当廉売」、④指定価格で販売させる「再販売価格の拘束」、⑤下請法で禁止されている「優越的地位の濫用」、⑥ほかの商品などを一緒に買わせる「抱き合わせ販売」、⑦他社製品の販売を禁止する「排他条件付取引」、⑧安売り表示を禁止するなどの「排他条件付取引」、⑨海外出荷元に他の輸入業者との取引中止を求めるなどの「競争者に対する取引妨害」、⑩誇大広告などによる「競争者に対する取引妨害」、⑪競争会社が物を入手困難にさせる「不当高価購入」、⑫「競争会社に対する内部干渉」などが禁止されています。
（3）

② トラスト

トラストは、企業合同とも呼ばれ、同一業種で複数の企業が資本結合によって合同・合併を行い、同一市場を1社もしくは少数の企業で支配することです。1社の市場支配は独占で、少数企業の場合は、寡占となります。企業が単独もしくは他の企業と共同で、競争相手を市場から締め出したり、市場を独占しようとする行為を「私的独占」と言い、独占禁止法違反となります。

③ コンツェルン

コンツェルンは、各々独立した企業が1つの中央部によって支配・統制されているもの

で、英語では、ホールディングスと言います。コンツェルンは、必ずしも独占禁止法に抵触するわけではありません。なお、国内外を問わず、一定の企業結合を実施しようとする会社は、競争制限的か否かをあらかじめ審査するために公正取引委員会への届出が義務づけられています。

5　産業集積

中小企業庁は、産業集積を「地理的に近接した特定の地域内に多数の企業が立地するとともに、各企業が受発注取引や情報交流、連携等の企業間関係を生じている状態」と定義しています。関連企業や組織を空間的に集積させ、連携させることによってイノベーションをもたらし、競争力を高めるところにまでもっていくのがクラスターと呼ばれる状態です。

クラスターは、マイケル・ポーターによって提案されました。ポーターは地域クラスターを「特定分野における関連企業、専門性の高い供給業者、サービス提供者、関連業界に属する企業、関連機関が地理的に集中し、競争しつつ同時に協力している状態(4)」と定義していますす。関連企業や研究所を特定の地域に集積させ、イノベーション力を高めるのがクラスター戦略です。

マイケル・ピオリとチャールズ・セーブルは、繁栄の2つの条件として、巨大株式企業に

よるフォード的「大量生産」と「柔軟な専門化」をあげています。彼らは、「大量生産」と「柔軟な専門化」は、経済の繁栄のために、それぞれ存続していくと指摘しました。このうち、小規模のクラフト的生産の「柔軟な専門化」は、少量多品種の生産に向いています。これは、地域産業コミュニティの重要性を強調し、技術的に精妙でありかつ高度に柔軟なネットワークをもち、柔軟な、多目的に応用できる設備を土台とし、企業間抗争を柔軟な技術革新に限定するものです。

こうしたクラスターや柔軟な専門化は、同じような特徴をもっています。たとえば、地域的な接近性があること、さまざまな共同で用いることのできる研究機関、協同組合、経営コンサルタントなどが立地していることがあげられます。具体的には、カリフォルニア州、サンフランシスコの南に位置するシリコンバレーが代表例となります。

産業集積は、「外部経済」あるいは競争優位の創造などの効果が発揮されます。「外部経済」は、経済学者のアルフレッド・マーシャルによって指摘された概念です。マーシャルは、あらゆる財の生産規模の増加からもたらされる経済を2つに分類し、事業に従事する個人商会の資源、内部組織及び経営の能率に依存する経済を「内部経済」、ある産業の全体の発展、とりわけ、特定の地域における類似の特徴をもつ多くの会社からもたらされる経済を「外部経済」と名づけました。[6] すなわち、産業集積によって外部経済が活性化されて、地域の産業全体の利益が高まるわけです。以下、具体的にみていきましょう。

6 産業集積の類型

内閣府は、産業集積を5つに分類しています。これは、地場産業型とも呼ばれ、石川県輪島市の漆器、富山県高岡市の銅器、新潟県燕市と三条市の金属加工、北海道や静岡県の紙やパルプといった素材型製造業や観光業等があります。

第2は、一定の人口、事業所等の基盤集積による需要密度を前提とした立地・集積で、都市型複合集積とも言います。たとえば、東京都の秋葉原電気街、群馬県の太田地域、長野県の諏訪地域、3大都市圏における出版業や情報処理・提供サービス業などの知識情報集約型サービス等が含まれます。

第3は、特定大企業の量産工場を中心に、下請企業群が多数立地することで集積したもので、企業城下町型とも呼ばれます。例として、愛知県豊田市のトヨタ自動車、茨城県日立市の日立製作所、大阪府門真市のパナソニック、岩手県釜石市の新日本製鐵などがあります。

第4は、空港、港湾等のアクセスのよい地域に立地・集積したもので、石油化学工業、造船業、卸・小売業等があります。

第5は、国や地方政府の企業誘致政策等により、人為的に集積したもので、岩手県北上市

236

の自動車組立工場、青森県や三重県のクリスタルバレーなどがあります。

産業集積に関し、国は、中小企業が企業城下町型集積などから独立する支援をしています。たとえば、地域産業集積活性化法は、都道府県が定めた国が同意した地域内において、わが国の「モノづくり」を支える部品・試作品等を製造する事業者が集まった「基盤的技術産業集積」や、地域経済を支える「産地」、「企業城下町」等中小企業が集まった「特定中小企業集積」における中小企業が、新たな技術開発や、新商品・販路開拓等を実施する際に、都道府県知事の承認により補助金・低利融資・優遇税制等の支援を受けられる制度を定めています。

また、ある大企業や大学から多数の企業が独立して集積が形成されるスピンオフ・スピンアウト型があります。スピンオフとスピンアウトは、どちらも親会社から独立することですが、スピンアウトの場合には、親会社との関係が断たれます。

7　M&Aとは何か

M&Aは、会社の合併と買収を意味します。これは、カルテルなどに代表される他社との協調戦略ではなく、自立化戦略です。M&Aを行う理由は、投機を目的とする短期的利益を追求するものと、経営多角化を目的とするものに分けられます。投　機とは、投　資と

は異なり、キャピタルゲインと呼ばれる、購入したもの自体の値上がりを目的とすることです。たとえば、土地を買って駐車場にするのは投資で、土地を買った値より高く売ろうとするのが投機です。ここでは、株自体の値上がりを目的とするので投機になります。

経営多角化の目的は、いくつかの事業を同時に営むことによってもたらされる相乗効果である相乗効果、規模を拡大することによって仕入れ価格などのコストを削減する規模の経済、共通費用の節約を追求する範囲の経済、市場占有率の拡大による市場支配力の増加、異分野などへの参入障壁の克服、製品開発時間とコストの低減、技術の獲得や習得、管理手法の学習、ブランドの獲得などがあげられます。その他、M&Aには、成熟産業の過剰生産能力への対処、地理的に崩壊した産業にある競争相手の経営資源を統合する、ある産業を新しくつくりだすことによって産業障壁の破壊を促進するなどの理由もあります。

合併とは、複数の企業が一緒になり、1つの法人格をもつことになることです。合併には、吸収された企業が消滅する吸収合併と、吸収後に第三の新しい企業として誕生する新設合併とがあります。吸収合併は、大企業がそれよりも規模の小さい企業を吸収する場合に行われ、吸収された会社は消滅します。新設合併は、同規模の会社が合併するのが一般的です。この場合、これまでの会社はすべて消滅することになります。新設合併の場合、山之内製薬と藤沢薬品工業がアステラス製薬になったようにまったく新しい会社になる場合と、マルハとニチロのように、マルハニチロという以前の会社名が両方もしくは部分的に用いら

238

れる場合があります。

買収は、他の会社を株式取得などにより購入して自社の一部とすることです。買い取った会社は、全部を子会社とする場合と一部を子会社とする場合があります。

インインM&Aは国内企業間の、インアウトM&Aは国内企業による海外企業をターゲットにした、アウトインM&Aは海外企業による国内企業をターゲットにしたM&Aを意味します。アウトインは、買収後、被買収企業の生産性や収益率がさらに改善したという調査結果がありますが、残念ながら、インインは、生産性と収益率には有意な正の効果はありませんでした(9)。57％のM&Aが失敗したとか、対等合併で成功した例は7％であったという報告(10)もありますが、事業展開の在り方の1つとして選択肢には入れておきたいものです。

M&Aは、当事者同士の見解に基づき、友好的M&Aと敵対的M&Aに分類されます。敵対的M&Aにおいては、その目的で2つの主体に分けられます。1つは、買収対象企業の株式を安値で買収し、高値で売却することを最終的な目的とする投資家でフィナンシャル・バイヤーやグリーンメイラー(11)と呼ばれます。他は、買収対象となる企業との業務上のシナジー効果を買収目的とする買収者でストラテジック・バイヤーと言います。この場合は、経営権の取得を求めています。

友好的M&Aは、倒産しそうな他社を救う場合などで、当該企業の経営陣の了解がある場合に行われます。たとえば、高松建設による金剛組のM&Aが一例です。

それに対して、敵対的M&Aは、相手方経営陣に反対されている場合です。ライブドアによるニッポン放送買収や王子製紙による北越製紙買収などがありましたが、いずれも失敗しました。わが国では敵対的なM&Aは社会的な批判が多く、成功は難しいと言えましょう。

8　M&Aの手法

M&Aで最初に行うべきことは、買収審査（デューデリジェンス）です。これは、資産査定とも呼ばれ、買収者が公認会計士などを活用して、売買価格が適正であるか、もしくは不良債権などがないかを審査することです。具体的には、①組織や株主状況、経営陣・従業員、そして監査の状況などの基本的情報分析、②損益構造の把握と正常収益力分析のための損益計算書分析、③キャッシュフロー分析、④数値計画の信頼性と実現可能性を明らかにする事業計画分析、⑤貸借対照表項目における潜在的リスクを調査する貸借対照表分析、⑥法務、ビジネス、HR、IT、環境といったさまざまな視点から分析する総合的デューデリジェンスなどの調査が行われます。

M&Aの目的は、相手方資産や技術であったりしますが、人材である場合は、社員の退職を防ぐための待遇を考える金の手錠（ゴールデン・ハンドカフ）が重要になります。

M&Aの主な方法として、①株式買収があります。具体的には、発行済み株式の取得と新

240

規発行株式の取得です。LBOと呼ばれる相手方資産を担保にして資金を集めて買収する方法など、②合併、③一部の事業を売却する営業譲渡、④株式の形で行われる営業譲渡で、合併の反対である会社の反分割、⑤対象会社の株主から株式を譲り受ける代わりに自社株を渡す「株式交付」があります。

9 敵対的買収への対抗策

レコフM&Aデータベースの防衛策データでは、2022年4月22日現在、買収防衛策を導入している企業は274社となっています[13]。金融商品取引法は、所有割合が3分の1を超える株式取得の際は、公開買い付け（TOB）を実施することや、買収側は対象企業からの質問に答えることを義務づけています。また、TOBの前にも、上場会社の株券や新株予約権付き社債などを5％以上取得した場合は、5日以内に大量保有報告書を内閣総理大臣に提出しなければなりません。こうした法律上の予防策が成立したたために、買収防衛策を廃止する企業が増加しています。

今日の主たる防衛策は、事前警告型防衛策です。これは、あらかじめ買収ルールを設定・公開しておき、そのルールが守られない場合に、新株予約権無償割り当て等の対抗措置を発動する防衛策で、毒薬（ポイズンピル）と呼ばれます。ポイズンピルは、敵対的買収者が一定の議決権割合を

取得した時点で（トリガー条項）、市場価格を大幅に下回る価格で新株引受権を既存株主に与えて、買収に必要な費用を上げることです。アメリカでは、ポイズンピル許容法などの反企業買収法があります。(14)

このほかに、一般的に知られている防衛策には次のようなものがあります。

① ゴールデンパラシュート

ゴールデンパラシュートとは、乗っ取られた会社から、金のパラシュートで安全に逃げることです。買収されたときに経営者に巨額退職金が支給される雇用契約を結んでおけば、買収しても会社の価値がなくなります。従業員の割増退職金は、ブリキ(ティン)のパラシュートと呼ばれます。ゴールデンパラシュートは、マイクロソフト社がヤフーの株を買おうとしたときに採用されました。(15)

② <ruby>白馬の騎士<rt>ホワイトナイト</rt></ruby>

ホワイトナイトとは、敵対的な会社ではなく、白馬の騎士のようなより好ましく友好的な会社に買収を依頼したり、合併してもらうことです。

③　クラウンジュエル

クラウンジュエルとは、王冠の宝石である優良資産を第三者に売却してしまうことです。

④　パックマンディフェンス

パックマンディフェンスとは、買収しようとしている会社を逆に買収することです。ナムコのゲームに登場するパックマンが名前の由来です。パックマンは、ある条件を満たすとモンスターを逆に食べることができます。

⑤　スーパーマジョリティー

スーパーマジョリティーとは、M&Aなどの重要な案件については、決議要件を厳しくすることです。たとえば90％などの株を有しない限り、敵対的買収ができないようにすることであきらめさせます。

⑥　高配当・高株価政策

安定株主を増やすためには、高配当が欠かせません。また、経営者は業績を高め、将来の成長を期待させる事業展開を行い、企業価値を高めるIR活動を徹底することで株価を高めて、敵対的買収の対象とならないようにする義務があります。⑯

10 アライアンス

提携は、パートナーシップ、連合、共同、協調的合意、戦略ネットワーク、コンステレーションズ、などとも呼ばれます。アライアンスは、「長期的取引、株式持ち合い、共同研究開発といった独立・非独立の企業間の関係も含んだもので、契約書によらない口約束による取引からライセンシングやジョイント・ベンチャーに至るまで幅広い取引形態がカバーされる[17]」概念です。

このように、アライアンスは、多様な組織と組織、あるいは組織と個人の間における協業関係です。企業戦略や事業戦略を達成するために戦略的価値の高い資源の獲得を目指す場合は、戦略的アライアンスと呼ばれます。限定された資源及び競争の動きと技術進歩（特に技術の無境界[18]）の速さという環境の中で、アライアンスから進展する外的ネットワークは、大変理にかなうものです。

ナイキの創業者のフィル・ナイトは、鬼塚アシックスのアメリカ代理店から始めて自社製造を開始して同社を世界一のスポーツメーカーにしました[19]。代理店というアライアンスやタリーズコーヒージャパンのように独占契約権を取得して起業する[20]という選択もあります。

アライアンスの1つの目的は、デファクトスタンダード（市場競争によって結果的に業界

標準となった規格）を獲得するためです。なお、業界や国家間の協議によってできる規格は、デジュールスタンダードと呼ばれます。デファクトスタンダードの獲得以外に、アライアンスは以下のような目的で行われます。

① 利潤の極大化を目的とするアライアンス

これには、アウトソーシング、互いのもつ特許をそれぞれ使用する権利を与えるクロス・ライセンス、OEM（相手方ブランド名製造オリジナル・エクイップメント・マニュファクチャリング）、EMS（電子部品の委託生産エレクトロニクス・マニュファクチャリング・システム）、共同購買、販売提携が含まれます。たとえば、キヤノンとマイクロソフトはクロス・ライセンス、シャープは中東で液晶テレビを委託生産しています。ルノーと日産は、部品調達に共同購買を活用しています。アサヒはデンマークのビール大手カールスバーグと販売提携をしています。

② 学習の促進やイノベーションの創造を目的とするアライアンス

これには、技術提携、共同研究、製品の共同開発が含まれます。たとえば、エアバス社によれば、１００社以上の日本企業がエアバスのさまざまなプログラムに参加しています。

③ リスク分散や柔軟性の維持を目的とするアライアンス

このアライアンスは、ジョイント・ベンチャーやコンソーシアムがあります。ジョイント・ベンチャーは、「2つ以上の当事者が一緒になり、特定の商業的利益の目的を遂行するために資源を組み合わせるすべての協定」[21]のことです。ジョイント・ベンチャーの代表として、本来競争関係にある会社が特定の目的のために設立する合弁会社があります。すなわち、複数の建設会社が、1つの建設工事を受注、施工することを目的として形成する共同企業体などです。そのほか、セイノーホールディングスとラクスルのジョイント・ベンチャーの「ハコベル」などがあります。こうしたジョイント・ベンチャーには、注意しなければならないことがいくつかあります。たとえば、どの会社がコントロール権を握るか、会社間の葛藤、必要な会社の離別などの問題です。

コンソーシアムは、2つ以上の企業、団体、政府、個人からなる団体で、共同で何らかの目的に沿った活動を行うことを目的としています。これには、学都仙台コンソーシアムとかやまがた有機農業推進コンソーシアムなどがあります。

【註】

（1） J・C・アベグレン＋ボストン・コンサルティング・グループ編著『ポートフォリオ戦略：再成長への挑戦』プレジデント社、1977年、13頁、71-72頁、104頁。

（2）https://www.jftc.go.jp/houdou/pressrelease/2022/jun/220601_kanki.html

（3）dokkinpamph.pdf（https://www.jftc.go.jp/houdou/panfu_files/dokkinpamph.pdf）

（4）Michael E. Porter, *On Competition: Updated and Expanded Edition*, Harvard Business School Press, 2008, p. 215.（竹内弘高訳『競争戦略論Ⅱ』ダイヤモンド社、一九九九年、67頁）。

（5）Michael J. Piore and Charles F. Sabel, *The Second Industrial Divide: Possibilities for Prosperity*, Basic Books, 1984.（山之内靖・永易浩一・石田あつみ訳『第二の産業分水嶺』筑摩書房、一九九三年）。

（6）Alfred Marshall, *Element of Economics of Industry*, Macmillan and Co., Limited, 1949, p. 150.

（7）第1—2—11表　地域における産業集積の類型－内閣府（https://www5.cao.go.jp/j/cr/cr16/img/chr16_01-02-11h.html）

（8）Joseph L. Bower, "Not All M&As Are Alike—and That Matters", *Harvard Business Review*, March 2001, pp. 92-101.

（9）深尾京司・権赫旭・滝澤美帆「外資によるM&Aはより高いパフォーマンスをもたらすのか」宮島英昭編『日本のM&A：企業統治・組織効率・企業価値へのインパクト』東洋経済新報社、二〇〇七年、81—108頁。

（10）Max M. Kröger, Fritz Kröger, and Michael R. Träm, *After the Merger: Seven Strategies for Successful Post-Merger Integration*, Financial Times, 2000.（岩本朗訳『勝利する企業合併：合併後の統合を成功に導く7つの法則』ピアソンエデュケーション、二〇〇〇年）。

（11）福谷尚久・土橋正和『敵対的買収防衛完全マニュアル』中央経済社、二〇〇八年、141—143頁。

（12）PwCアドバイザリー株式会社編『M&Aを成功に導く財務デューデリジェンスの実務』中央経済社、二〇〇六年、49—57頁。

（13）https://www.marr.jp/menu/ma_practices/ma_propractice/entry/36453

（14）Kenneth A. Kim, John R. Nofsinger, and Derek J. Mohr, *Corporate Governance*, Third Edition, Prentice- Hall, 2010, p.122.

⑮ *Ibid.*, p. 121.

⑯ 渡邊顯『敵対的買収：新会社法とM&A』角川書店、2007年、206-207頁。

⑰ 牛丸元『企業間アライアンスの理論と実証』同文館出版、2007年、20頁。

⑱ Michael Y. Yoshino and U. Srinivasa Rangan, *Strategic Alliances: An Entrepreneurial Approach to Globalization*, Harvard Business School Press, 1995, p. 203.

⑲ Phil Knight, *Shoe Dog: A Memoir by the Creator of Nike*, Simon & Schuster Ltd, 2018. (大田黒奉之訳『シュードッグ：靴にすべてを。』東洋経済新報社、2017年)。

⑳ 松田公太『すべては一杯のコーヒーから』新潮社、2002年。

㉑ R. Duane Hall, *The International Joint Venture*, Praeger Publishers, 1984, p. 19.

第14章　企業の寿命

1　会社の寿命

　会社は、ゴーイング・コンサーンを目的として設立され、永久に存続することが前提となっています。しかし残念ながら、命を落とす会社は多く、寿命があります。倒産です。

　倒産とは、会社が経営の行き詰まりによって「債務不履行」の状態になることです。債務者自らが支払うことを約束して債権者に振り出す形式の手形である「約束手形」やほかの会社に支払いの肩代わりを委託して債権者に振り出す形式の手形である「為替手形」が支払い満期日に支払い義務を履行できずに「不渡り」となるか、小切手（現金の代わりに銀行等に支払い委託する有価証券）が不渡りとなり、債務不履行が現実化した場合に倒産となります。不渡りとは、お金が相手に支払われないことです。

　2026年に予定されている手形に代わる「でんさい」は、株式会社全銀電子債権ネットワークが取り扱う電子記録債権を指します。支払不能となった「でんさい」の請求手続きは、売掛金の支払遅延手続きと同様に時効前の回収となり、債務者はこれによる取引停止処分を科され

249

ません。

現実としては、「1回目の不渡り」では倒産とならないケースが多いのですが、その後6カ月以内に「2回目の不渡り」を出すと、銀行取引停止となり、債務不履行が現実化します。この倒産の申し立ては、債務者ばかりではなく、債権者から申し立てられることがあります。なお、「休廃業」は、資産が負債を上回る資産超過状態での事業停止、「解散」は事業継続を断念することを指し、どちらも「倒産」には含まれません。

東京商工リサーチによれば、2022年の「休廃業・解散」企業は、49、625件で前年比11・8%増でした。コロナ禍でも、2021年までは支援融資があったため倒産件数は拡大しませんでした。幸い、企業数全体は、他国と比較すると大幅に低いのですが、増加しています。開業率と廃業率の和は、「代謝率」と呼ばれます。中小企業庁によれば、廃業率(当該年度に雇用関係が消滅した事業所数／前年度末の適用事業所数)については、日本の場合、2020年に3・3%ですが、イギリス10・5%、2019年データで、ドイツ12・5%、アメリカ8・5%、フランス4・6%となっています。開業率は、同データでは、日本5・1%、イギリス11・9%、ドイツ9・1%、アメリカ9・2%、フランス12・1%でした。

イギリスやアメリカの廃業率が高い理由は、高い開業率と関係があると考えられます。この廃業率が高い理由は、絶えずイノベーションを行っていないと、スタートアップだけでなく、大企業でも淘汰されることを物語っているのです。ゼロックス社は、世界で最初にコピーの技術を実用化

250

した会社ですが、独占禁止法違反のため、特許を競業他社に供与した結果、日本企業にシェアを奪われることになり、100％という独占状態から14％まで下落しました。これは、ゼロックス社においてその後のイノベーションが行われなかった結果であると言えましょう。

スティーブン・ゴールドマンらは、企業が①市場の断片化、②あらゆる生産規模での注文製造、③マスの顧客を個として扱える情報能力、④製品寿命の短縮化、⑤物理的製品とサービスの融合、⑥グローバルな生産ネットワーク、⑦同時に行われる企業間の競争と協力、⑧マス・カスタマイゼーションのための流通インフラストラクチャー、⑨企業再編の嵐、⑩一般的な社会的価値の内在化を求める圧力にさらされていると指摘しています。そのため、「事業が直面する挑戦への包括的対応であり、顧客に応じてつくられる高品質、高性能のモノとサービスからなるグローバルな市場が、急速に変化、断片化し続ける中で、利益を得ること」あるいは「常に思いがけずに変化する市場機会を特徴とする競争環境の中で反映できる能力④」として定義される俊敏性をもたなければならないと忠告しています。すなわち、容赦のない不確実な変化が新しい市場競争の形である俊敏な競争をもたらしているのです。スピードの競争が激化しています。こうした状況に対処することが、倒産を回避することになります。不確実とは、将来起こることの確率が分かっていないことです。経営が悪化した場合、悪くなった部門を切り離して売却することが多かったのですが、逆によい部門を売却した方が買い手がみつかり、再生がうまくいくことが経験を通じてわかっ

てきました。⑤

2　経営破たんの原因

　経営破たんの主な原因は、会社が「ゆでガエル現象」に陥っているか、環境と戦略の不一致、競争に敗北したなどさまざまな経営上の誤りが考えられます。「ゆでガエル現象」とは、ゆっくりカエルを鍋でゆでると、いつの間にか体が動かなくなり、おとなしくゆであがってしまうことを企業にたとえたものです。知らないうちに周りの環境が少しずつ変化しているにもかかわらず、何も手を打たないと破たんしてしまうという意味で用いられる言葉ですが、実際のカエルは、逃げ出すそうです。

　セオドア・レビットは、「成長が脅かされたり、鈍ったり、止まってしまったりする原因は、市場の飽和にあるのではない。経営に失敗したからである」と指摘し、成長や衰退の原因を共通する4つの条件に求めています。⑥

① 人口は拡大し、さらに人々は豊かになり続けるから、間違いなく今後も成長すると確信している。

② 当産業の主要製品を脅かすような代替品はあるはずがないと確信している。

③ 大量生産こそ絶対だと信じ、生産量の増加に伴って、急速に限界コストが低下するという利点を過信している。

④ 周到に管理された科学実験によって、どんどん製品が改良され、生産コストを低下させるという先入観がある。

レビットは、成長できる企業は、成長のチャンスを創り出し、それに投資できるように組織を整え、適切に経営されていて、近視眼ではなく先見性のある企業であると述べています。近視眼の例として、映画会社が衰退したのは、テレビの発達によるのではなく、映画産業をエンターテインメント産業として事業定義しなかったためであり、映画館で上映する映画にしか目がいかなかったことがあげられます。

こうした原因ばかりではありません。長寿企業の調査結果によれば、衰退の原因で一番多いのは、「戦争」でした。この調査は、帝国データバンクによるもので、応仁の乱であるとか第二次世界大戦が約3割を超えています。そのほか地震、火事などがあります。阪神大震災や東日本大震災は、記憶に新しいものです。こうした災難は、どんなによい経営を行っていようとも乗り越えられない場合があります。

同調査結果には、長寿企業がその困難を乗り越えてきたのは、「いつも苦しい時になぜか誰かが手を差し伸べてくれました」「各代の当主が、希望を失わず明るく先頭に立って

生きてきたからです」があります。この支援とリーダーシップが、破たんしない鍵であると考えられます。支援は、長い時間をかけてお客様や取引先、地域との信頼関係を築いてきたことが重要で、リーダーシップは「変革し続けてきたからこそ現在がある」ということです。

取引先との関係を保つために常に取引先の数を上回る従業員数が必要ですが、小林祐一の研究によれば、廃業の少ない企業は、従業員3対取引先数2でした。[8] 従業員数が多すぎても生産性が低下することに注意しなければなりません。

政府は、子供などが事業を引き継ぐときにかかる相続税の負担が事業の廃業につながらないよう会社や個人事業の後継者が取得した一定の資産について、贈与税や相続税の納税を猶予しています。この事業承継税制には、会社の株式等を対象とする「法人版事業承継税制」と、個人事業者の事業用資産を対象とする「個人版事業承継税制」があります。この制度を活用し、優遇を受けるためには都道府県知事に承継計画を提出しなければなりません。

後継者がいないことで倒産するケースもあります。日本政策金融公庫総合研究所によれば、「廃業予定企業」に廃業理由について尋ねたところ、「そもそも誰かに継いでもらいたいと思っていない」が43・2％と最も高い割合となっています。一方、「子どもがいない」、「子どもに継ぐ意思がない」、「適当な後継者が見つからない」を合わせた後継者難による廃業も、29・0％みられました。[9]

254

住友の元総理事の伊庭貞剛は、「人の仕事のうちで、一番大切なことは、後継者を得ることと、そうして仕事を引き継がせる時期を選ぶことである。これがあらゆる仕事中の大仕事であると思う(10)」と語りました。

また、連鎖倒産に巻き込まれないようにしなければなりません。連鎖倒産とは、倒産した事業者に対して売掛金債権等を有していることにより、資金繰りに支障ができて倒産することです。中小企業庁は、連鎖倒産防止や新型コロナウイルスのために売り上げが減少している中小企業のために「セーフティーネット保障制度」を設けています。所定の認定を受けることによって、希望する金融機関から保証つき融資を受けられます。

日本政策金融公庫総合研究所によれば、新規開業企業の廃業理由は、①資金繰りが厳しい、②商品・サービスの開発がうまくいかない、③金融機関からの借り入れが難しい、④顧客開拓・マーケティングがうまくいかない、⑤原価がかさんでいる、⑥人件費や家賃などの経費がかさんでいる、⑦受注単価・販売単価が安い、⑧生産管理・品質管理がうまくいかないなどとなっています。

倒産しないためには、①出血を止めること、②キャッシュを生む事業をみつける必要があります。7,000億円の赤字企業を引き継ぎ、V字回復を達成した日立製作所川村元会長は「業績が悪化すると、経営者はどうしても出血を止めるほうだけに意識がいってしまい、コストカットやリストラ、事業所の統廃合や不動産などの資産の整理、資金繰りに追われま

す。それも大事な経営手段ですが、削ってばかりいると現場の士気は落ちてしまいます。や
はり、「今後われわれはこの事業に重点を置いていく」といった、前向きな改革も同時に行
わなければなりません」と述べています。そして、利益率が低い製品の組み立てと流通は撤
退しました。さらに、一人ひとりが、会社から給料をもらうだけでなく「自分がみんなの給
料を稼ぐ」という意識をもつようにすることが大切としました。[12]

3　倒産後の手続き

　会社が倒産した場合には、その処理手続きには、「私的整理」と「法的整理」があります。
「私的整理」は、債権者や株主などの会社に関係する人たちで話し合い、会社を消滅する
「清算」か、債権者に債権を放棄してもらって会社を立て直す「再建（再生型私的整理）」
か、を決めます。社債権者が多い場合は、会社法に基づき社債権者集会を開催することにな
ります。

　私的整理による清算ができなかった場合は、当事者の申し立てで裁判所の介入の申請がで
きます。これは「特別清算」と呼ばれます。

　「法的整理」は、当事者の申請により、裁判所が介在して行われる倒産手続きです。法的
整理の場合、役員会全員一致で破産を申し立てる場合は、「自己破産」になります。破産と

は、債務者の財産を清算する手続きです。しかしながら、役員会で意見が一致しなかった場合、役員の1人でも破産申し立てをすることができ、これを「準自己破産」と言います。

会社再生において、全部取得条項付種類株式や債権の株式化を用いることができます。全部取得条項付種類株式は、100％減資により既存株式をすべて消して、金融機関や再生ファンドなどの新たな株主に資金を投入してもらうことで、株主の総入れ替えを行って会社を再生する方法です。

債権の株式化は、金融機関などの債権者が、債務者である会社を存続価値があるとみた場合に、単純な債権放棄を行うよりも、その有する債権に代えてその会社の株式を取得することによって、会社を再生する方法です。

「法的整理」は私的整理同様、「清算」か「再建」の道があります。清算の場合には、当該法人もしくは債権者が裁判所に「破産」を申し立てます。裁判所が破産手続き開始の決定をしたならば、「破産財団」となる企業資産を裁判所が任命した「破産管財人」（通常は弁護士）が処分をして清算にあたることになります。

私的整理による清算ができなかった場合は、当事者の申し立てで裁判所の介入の申請ができます。これは「特別清算」と呼ばれます。

「再建」型手続きには、「会社更生法」に基づく「会社更生」があります。この場合、会社更生は、更生管財人に任されます。経営破たんにいたる前に裁判所に申請して行われるの

は、「民事再生」です。その際、経営権と資産処分権は、現取締役に任されますが、裁判所が管財人に管理権を与えて再建にあたらせる場合もあります。この「再建」は、関連会社や取引会社の連鎖倒産が危惧される場合に用いられます。

実証研究は、経営危機、経営困難な状態にあった中小企業が再生するのに必要なことは、①本業に収益力があること、②従業員の再生に向けての協力体制が可能であること、③金融機関や大口債権者が協力的であること、④商品・サービスの価格・品質に競争力があること、⑤商品・サービスにブランド力があること、⑥経営者の再生への意欲や能力があること、という6つの前提条件であると示しました。[14]

裁判は時間と費用がかかります。簡単で早く、安く紛争を解決する制度は、「裁判外紛争処理制度（ADR）」です。この制度により、①弁護士又は弁護士法人でなくても法務大臣の認証を受けた「認証紛争解決事業者」、たとえば、日本証券業協会や社団法人日本産業カウンセラー協会などによる、有償の和解の仲介業務、②弁護士以外の司法書士、弁理士、社会保険労務士、土地家屋調査士、法律で定められたADR機関での一定の紛争解決手続き代理が認められます。

1回くらい倒産したからといってあきらめてはいけません。シリコンバレーの経験則によれば、成功した起業家は、過去に2回企業立ち上げに失敗しているのですから。[15]

4 事業継続

東日本大震災以降、企業の事業継続計画（BCP）が注目されています。BCPは、中小企業庁によれば、「企業が自然災害、大火災、テロ攻撃などの緊急事態に遭遇した場合において、事業資産の損害を最小限にとどめつつ、中核となる事業の継続あるいは早期復旧を可能とするために、平常時に行うべき活動や緊急時における事業継続のための方法、手段などを取り決めておく計画」と定義されています。サステナビリティのための一計画とも言えましょう。東京都なども制定していますが民間企業向けは内閣府、中小企業向けは中小企業庁、建設会社向けは国土交通省、情報産業向けは経済産業省、金融機関向けには日本銀行などのほか、業界・経済団体等がそれぞれガイドラインを設けているので参考にしてください。[16]

たとえば、中小企業庁は、①優先して継続・復旧すべき中核事業を特定する、②緊急時における中核事業の目標復旧時間を定めておく、③緊急時に提供できるサービスのレベルについて顧客とあらかじめ協議しておく、④事業拠点や生産設備、仕入品調達等の代替策を用意しておく、⑤すべての従業員と事業継続についてコミュニケーションを図っておくことを特徴としてあげています。例として、仙台の藤崎百貨店が平時からの訓練により、東日本大震災の際、顧客の安全を確保し、店舗が使えない状況の中で路上店舗を設置するなどして事業を継続するとともに、早期の店舗復旧を行った事例があります。

【註】

(1) https://www.densai.net/

(2) https://www.tsr-net.co.jp/news/analysis/20230116_01.html

(3) https://www.chusho.meti.go.jp/pamflet/hakusyo/2022/chusho/gaiyo.html

(4) Steven L. Goldman, Roger N. Nagel and Kenneth Preiss, *Agile Competitors and Virtual Organizations: Strategies for Enriching the Customer*, Van Nostrand Reinhold, 1995, p.4 and pp. 8-9.（野中郁次郎監訳・紺野登訳『アジルコンペティション：「早い経営」が企業を変える』日本経済新聞社、一九九六年、32頁、36―38頁）。

(5) 神田秀樹、前掲書、175頁。

(6) Theodor Levitt, "Marketing Myopia", *Harvard Business Review*, July-August, Vol.38, No.4, 1960, pp. 45-56.（有賀裕子・DIAMONDハーバード・ビジネス・レビュー編集部訳「マーケティング近視眼」『T・レビット マーケティング論』ダイヤモンド社、2007年、3―36頁）。

(7) 帝国データバンク史料館・産業調査部編、前掲書、29―30頁。

(8) 日本経済新聞「社員・取引先「3対2」の黄金比」2021年10月24日、朝刊。

(9) https://www.jfc.go.jp/n/findings/pdf/sme_findings200124.pdf

(10) 武田晴人「伊庭貞剛：日本型CSRの先駆者」日本経済新聞社編『日本の経営者』日本経済新聞社、二〇〇九年、75頁。

(11) 日本政策金融公庫総合研究所編、前掲書、62頁。

(12) 川村隆『ザ・ラストマン：日立グループのV字回復を導いた「やり抜く力」』角川書店、二〇一五年、25―39頁。

(13) 神田秀樹、前掲書、176―180頁。

(14) 太田三郎、前掲書、183―222頁。

(15) Martha Amram and Nalin Kulatilaka, *op. cit.*, p. 153.（前掲訳書、187頁）。

(16) http://www.bousai.go.jp/kyoiku/kigyou/keizoku/sk.html

カ

索　引

《著者紹介》

鈴木好和（すずき・よしかず）
　　東北大学大学院博士課程修了　博士（経営学・東北大学）
　　東北学院大学教授　専攻：人的資源管理論

【主要著作物】

　『組織理論』（共訳）八千代出版，1985 年。
　『コンピュータ会計情報システム』（共訳）白桃書房，1986 年。
　『経営・会計の現代的課題』（共著）白桃書房，1989 年。
　『地方行政革命』（共著）富岳出版，2007 年。
　『経営学の基本視座』（共著）まほろば書房，2008 年。
　『21 世紀の診断』（共著）富嶽出版，2010 年。
　『経営学の理論に基づく会社のつくり方』創成社，2012 年。
　『会社のつくり方』創成社，2017 年。
　『企業を世界一にするインターナル・マーケティング』創成社，2017 年。
　『文化会計論集』（共著）富嶽出版，2018 年。
　『人的資源管理論［第 6 版］』創成社，2022 年。

（検印省略）

2023 年 5 月 20 日　初版発行　　　　　　　　　　　略称 ― 経営学入門

経営学入門
―起業のためのテキスト―

著　者　　鈴　木　好　和

発行者　　塚　田　尚　寛

発行所　東京都文京区　　**株式会社　創 成 社**
　　　　春日 2 - 13 - 1

電　話　03（3868）3867　　ＦＡＸ　03（5802）6802
出版部　03（3868）3857　　ＦＡＸ　03（5802）6801
http://www.books-sosei.com　振　替　00150-9-191261

定価はカバーに表示してあります。

©2023 Yoshikazu Suzuki　　　　　組版：スリーエス　印刷：エーヴィスシステムズ
ISBN978-4-7944-2614-7 C3034　　製本：エーヴィスシステムズ
Printed in Japan　　　　　　　　　落丁・乱丁本はお取り替えいたします。